Vües des palais et maisons de plaisance de Sa Majesté le Roy de Prusse dessinées et gravées par J. B. Broebes, ingenieur et architecte de S. M. augsbourg merz 1733.

1. Vol. f° g. papier

NB. on trouve à la fin quelques estampes representans des vües des isles borromides, du dôme de Milan &c. que j'ai ailleurs et qui ne peuvent avoir été placés ici que pour grossir le volume. au reste toutes les maisons du Roy de prusse sont très bien gravées et donnent peutetre meilleure opinion du Roy qu'on en a quand on les a vües; il est vrai que le palais de sans souci n'a ete bâti que longtems après cet ouvrage.

Vues des Palais et Maisons de Plaisance de Sa Majeste le Roy de Prusse,

desſinées et gravées par I. B. Broebes, Ingenieur et Architecte de S. M.
Elles se vendent à Augsbourg, chez Iean George Merz Marchand des Etampes
Avec Privilege de S. Maj. Imperiale et Catholique. MDCCXXXIII.

Preface au Lecteur

Cet oeuvre eſt une heureuse production du ſusdit Mr. I. Broebes, au commencement Capitain Ingenieur et Architecte de Frederic I. Roy de Prusse, mais puis apres à l'egard de ſes rares merites Profeſſeur des Architectures dans l'Academie des Arts à Berlin. Il fut chargé du ſusmentioné Roy de glorieuse Memoire d'enviſager tous les Palais et Maiſons de Plaiſance, tant aut dedans qu'au dehors de Berlin, de les desiner et de les faire graver. Parce donc que Mr Broebes avoit dans sa jeuneſse apris à Paris, dont il etoit originaire, a graver par curioſité et par l'Inſtruction du celebre Mr Marot, il a mis ſa gloire et plaiſir de faire non ſeulement les desſeins, mais auſsi de les graver Lui meme, à quoi il reuſſit ſi admirablement que Sa Majeste en fut satisfaite, mais la mort du dit Monarque ayant interrompu l'acheminement de cet oeuvre. Mr Broebes fut neanmoins ſous les promeſſes de grandes recompenses encouragé de l'achever, dont il eſt venu heureuſement a bout, mais ſa propre mort l'empecha de le mettre au jour de ſorte que tout demeura caché juſque a ce qu'une occaſsion favorable ſe presenta d'en acheter de la Veuve du defunt les planches pour les faire imprimer a mesdepens, les deux dernieres etampes n'ont pas etes deſtinées a cet oeuvre, mais la premiere eſt une ſaillie particuliere faite du feu Auteur ſur le batiment de la fameuse Tour des Monoyes à Berlin, l'autre represente la Bourse et une Porte de Breme, que pour plaire aux amateurs des arts, j'en trouve bon d'y joindre à cause de ſe curioſité et de l'Architecture. En esperant donc qu' à l'oeuvre on connoitra l'ouvrier je n'ai garde de l'asſaiſonner par des louanges outrées je me borne plutôt de recommander duement mon negoce aux bones graces des amateurs qui ſe plaiſent aux beaux arts.

Prospect der Pallaſte und Lust- Schlöſſer Seiner Königlichen Mayeſtätt in Preuſsen

abgezeichnet und in Kupffer gebracht von I. B. Broebes
Königl. Preuſsischen Ingenieur und Architecte
nun aber in Verlag zu finden bey Iohann Georg Merz Kunsthandlern in Augspurg
Cum Gratia et Privilegio Sacr. Cæsar. May. Anno MDCCXXXIII.

Vorbericht an den Kunstliebenden Leser.

Gegenwärtiges Werck iſt von dem auf dem Titul-Blatt benandten Herrn I. B. Brobes, welcher Anfangs Ihro Königl. Mayſ. in Preuſsen Friderico I. als Capitain Ingenieur und Bau Meiſter in Preuſsen gedienet, nachgehends aber wegen ſeiner rahren Meritten die Stelle eines Profeſſoris der Civil und Militair Architectur bey der Königl. Kunst Academie in Berlin erhalten und bekleidet, verfertiget worden. Es hat nemlich derselbe von erſt höchſt bemeldt Sr Königl. Mayſ. Glorwürdigſten Angedenckens Gnädiſte Ordre erhalten, alle Königliche Pallaſte und Lust-Schlöſſer in und auſserhalb Berlin in Augenschein zu nehmen, abzuzeichnen und so dann in Kupffer bringen zu laſsen. Weilen nun Herr Broebes in seiner Iugend zu Paris, woher Er geburtig war, auſs Curioſitet das Graviren bey dem Welt berühmten Mr. Marot erlernet, hat Er ſich eine Ehre und vergnügen daraufs gemacht, nicht nur die Zeichnungen selber zu entwerffen, sondern auch die Gravirung mit eygnen Handen vor zunehmen, Es reuſsirten auch die Blatten sehr wohl, so daſs Seine damahls regierende Königliche Mayestätt ein Gnädigſtes Vergnügen darüber bezeigten. Als aber ehe diese Arbeit völlig vollendet ward, der hohe Todes-Fall dieses Monarchen leyder darzwischen kam, wurde doch Herr Broebes unter Versprechung groſser Recompens angefrischet das Werck zu vollführen; Er brachte auch die Arbeit noch Glücklich zu Ende, doch durch den Truck ſelbst nicht mehr ans Licht, weil Er von Gott durch seel. hintritt auſs dieser zeitlichkeit abgefordert wurde. Mithin blieb alles gleichsam im Verborgen liegen, biſs ſich eine Anlaſs hervorgethan, daſs ich mit der hinterlaſsenen Frau Wittib, wegen überlaſsung der Kupfferblatten accordirte und also diſs Werck in meinen Verlag erhandelte. Die beyde letzſte Blatt, No. 46. und 47. sind von dem seel. Autore nicht zu diesem Werck verfertiget worden, sondern erſteres iſt ein privat Caprice von Ihme, welche Er über den bekandten Müntz Thurn Bau in Berlin, vor sich selbsten gemacht, das andere presentirt die Boerse und eine Porte zu Bremen, so ich wegen curioſitet und guter Architectur denen Liebhabern einen gefallen damit zu machen, noch angehangt habe. In hoffnung das Werck werde, ohne herauſsſtreichens nöthig zuhaben selber den Meiſter loben und also geneigte Liebhaber finden, ergebe mich und meinen Kunst-Verlag in geziemendem Respect zu günſtigem Angedencken und erſprießlicher Affection.

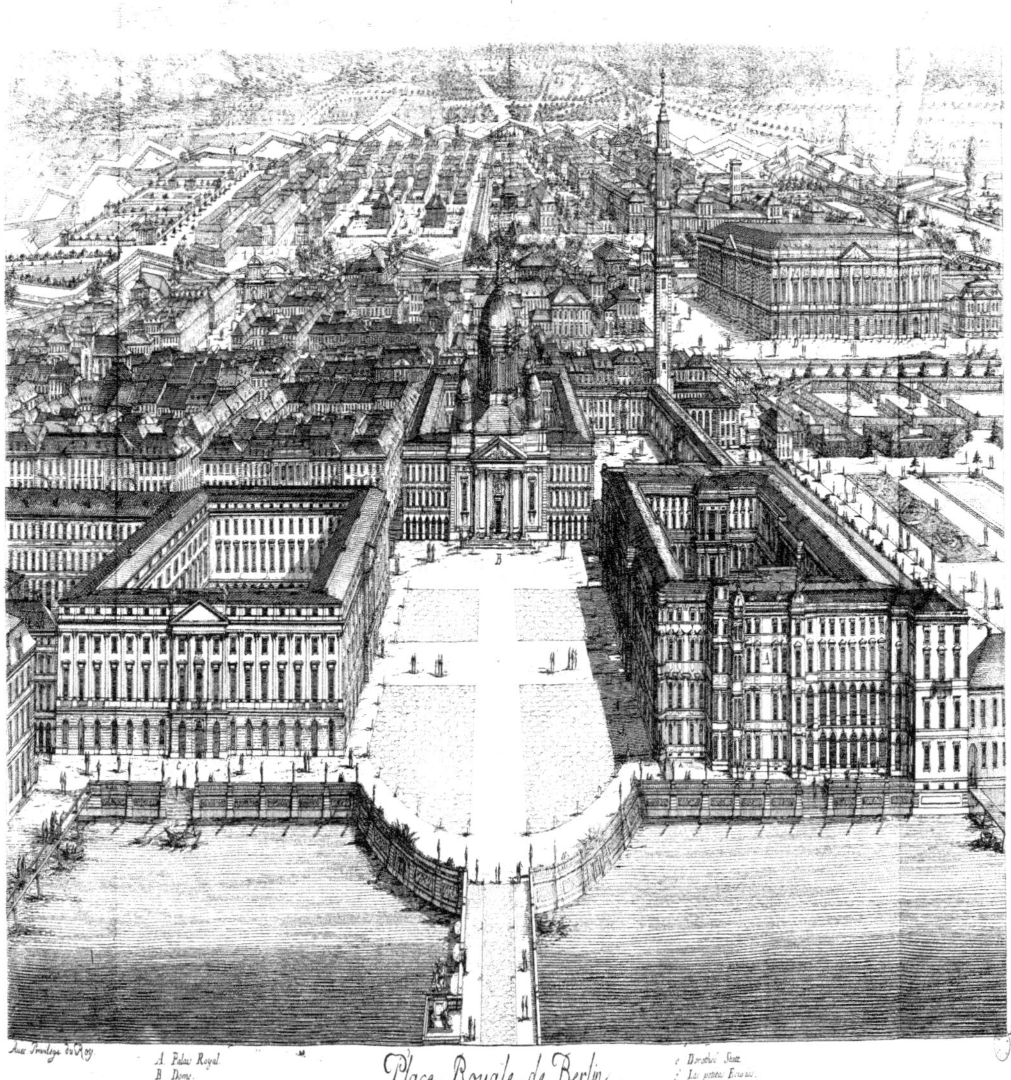

Place Royale de Berlin.
suiuant le dessein de Broebes J.A. de S.M.P

f.d. *Palais Royal de Berlin* p. d. l. c.

G.de *Face du Palais Royal de Berlin* du Côte du Pont.

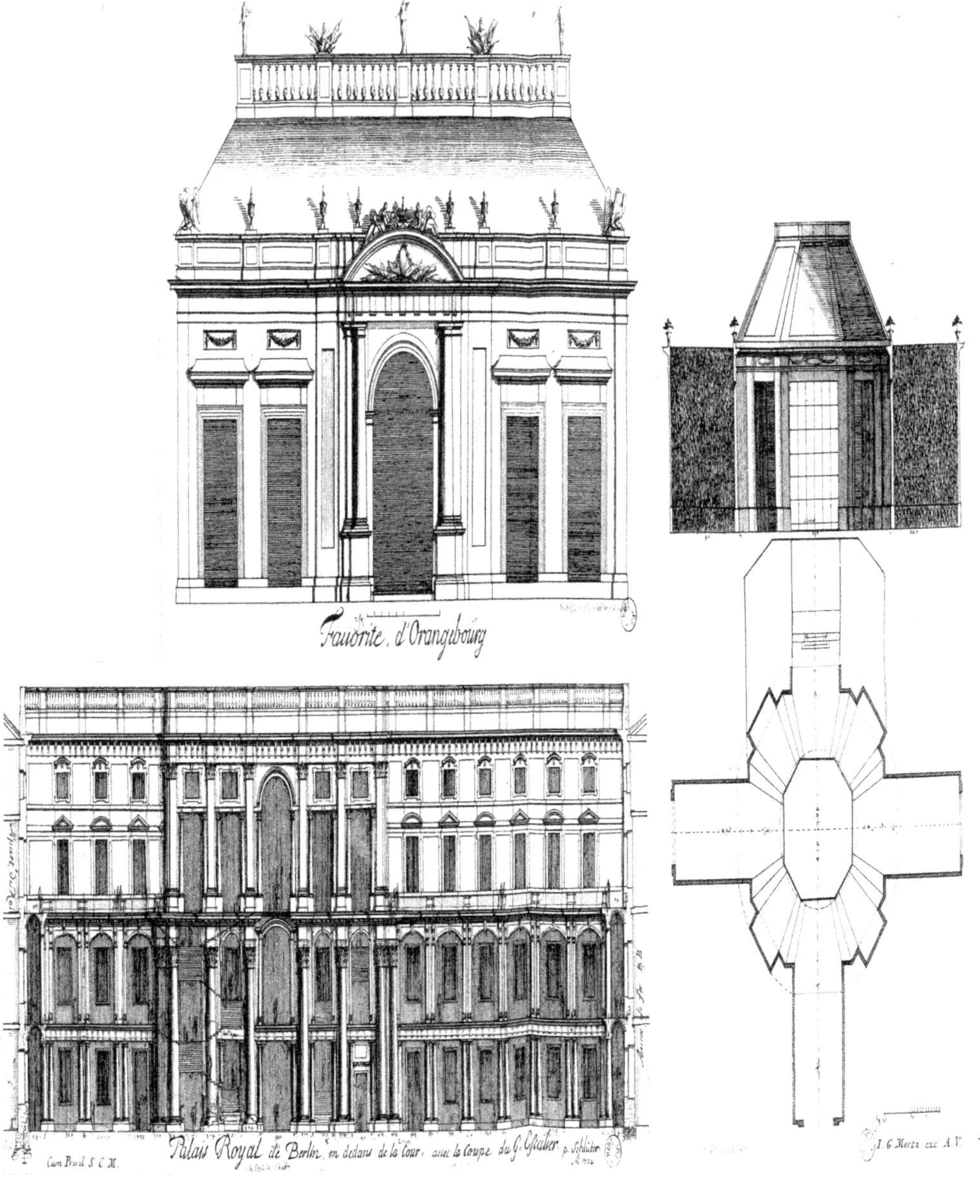
Fauorite, d'Orangibourg
Cum Priuil. S. C. M.
Palais Royal de Berlin, en dedans de la Cour, auec la Coupe du G. Escalier. p. Schluter.
J. G. Mertz exc. A. V.

Arc de Triumphe à Berlin.

Cum Privil. S.C.Maj.
I.G.Mertz exc: A.4.a

auec Privilege du Roy de Prusse
F.o Palais Roial. de Berlin du Côte du jardin
Cum Pr. S.C.Maj.   I.G.Mertz excud A.V.
du Dessein du S.D Schluter Archit: et Sculpteur de S.M.P.
A: 1709   4.b

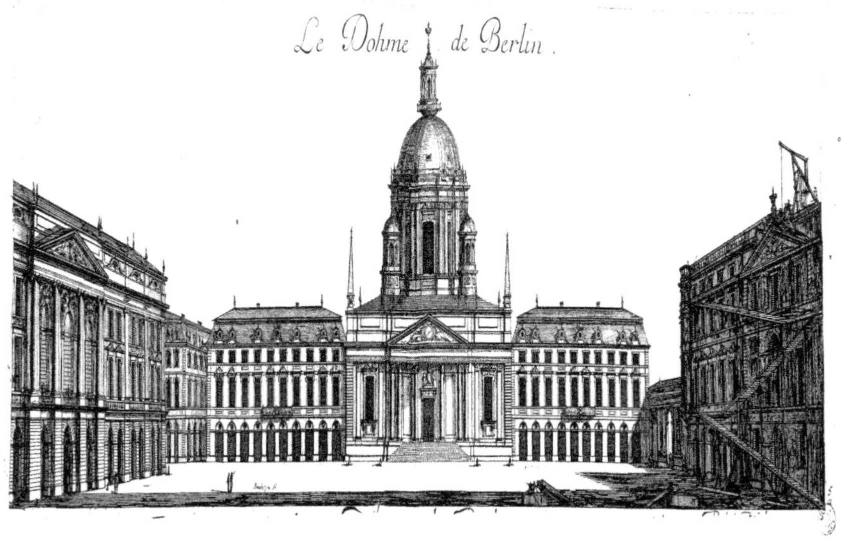

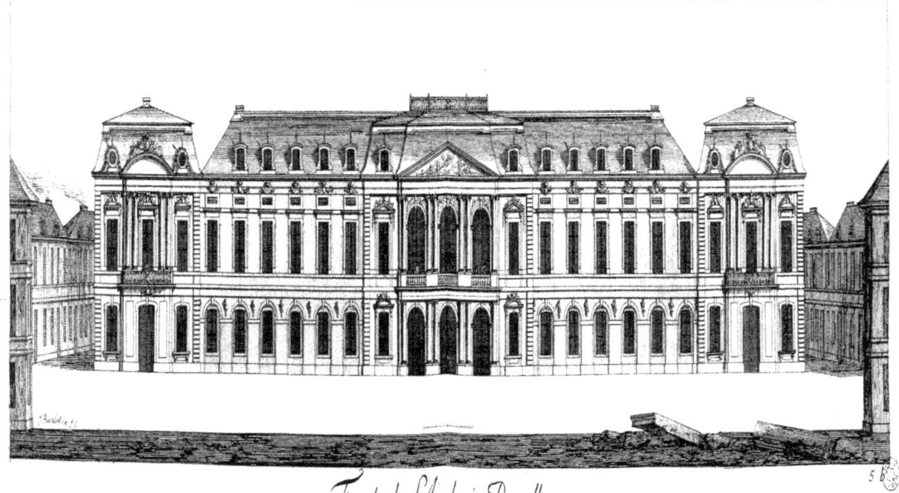

Cum Priv. S. C. Maj.

I. G. Mertz exc. Aug. Vind.

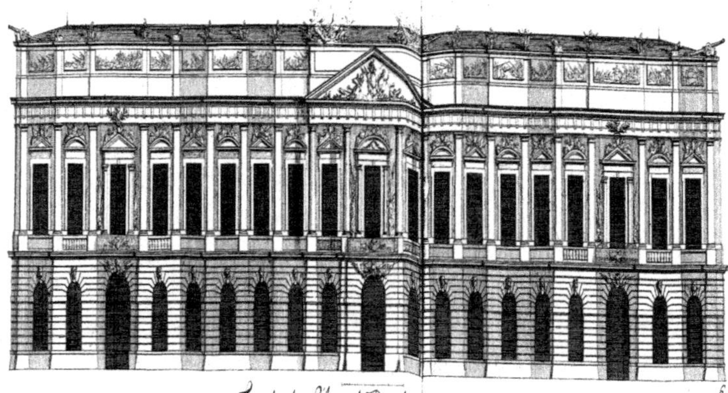

6. a

aux Bâtiments du Roy de Prusse

Facade de L'Arsenal Roial de Berlin. – du dessin de Mr Blondel. Conduit par Nering Archit.

Cum Priv. Sac. Caes. Maj. Ioh. Georg Merz. exc. Aug. Vind. I.B.B. Grundelber Sch. Bot.

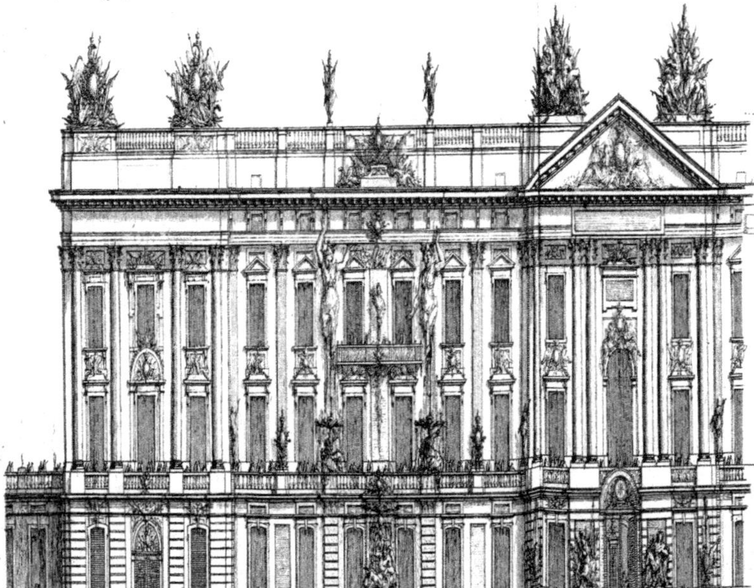

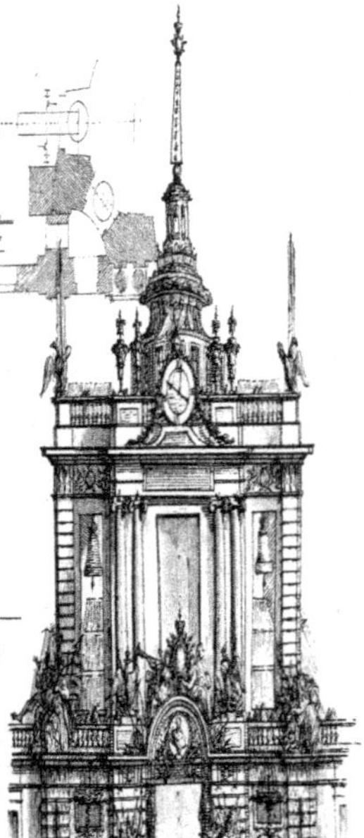

Arsenal Royal de Berlin:

Cum Priv. Sac. Caes. Maj. I.G. Merz. exc. Aug. Vind.

6. b

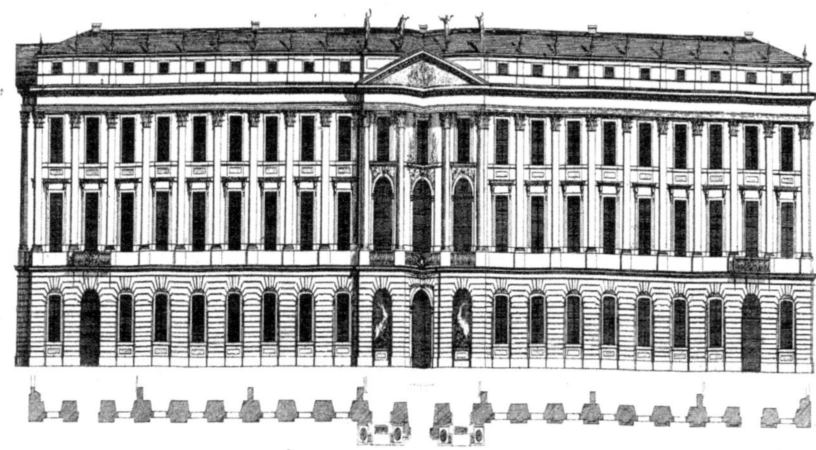

Facade de la Grande Ecurie du Roy de Prusse

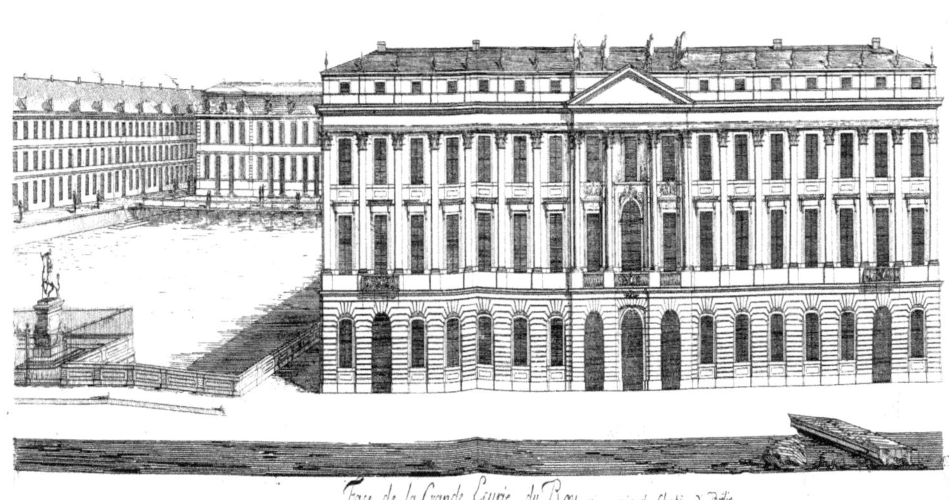

Face de la Grande Ecurie du Roy vis a vis du Chatau d Berlin

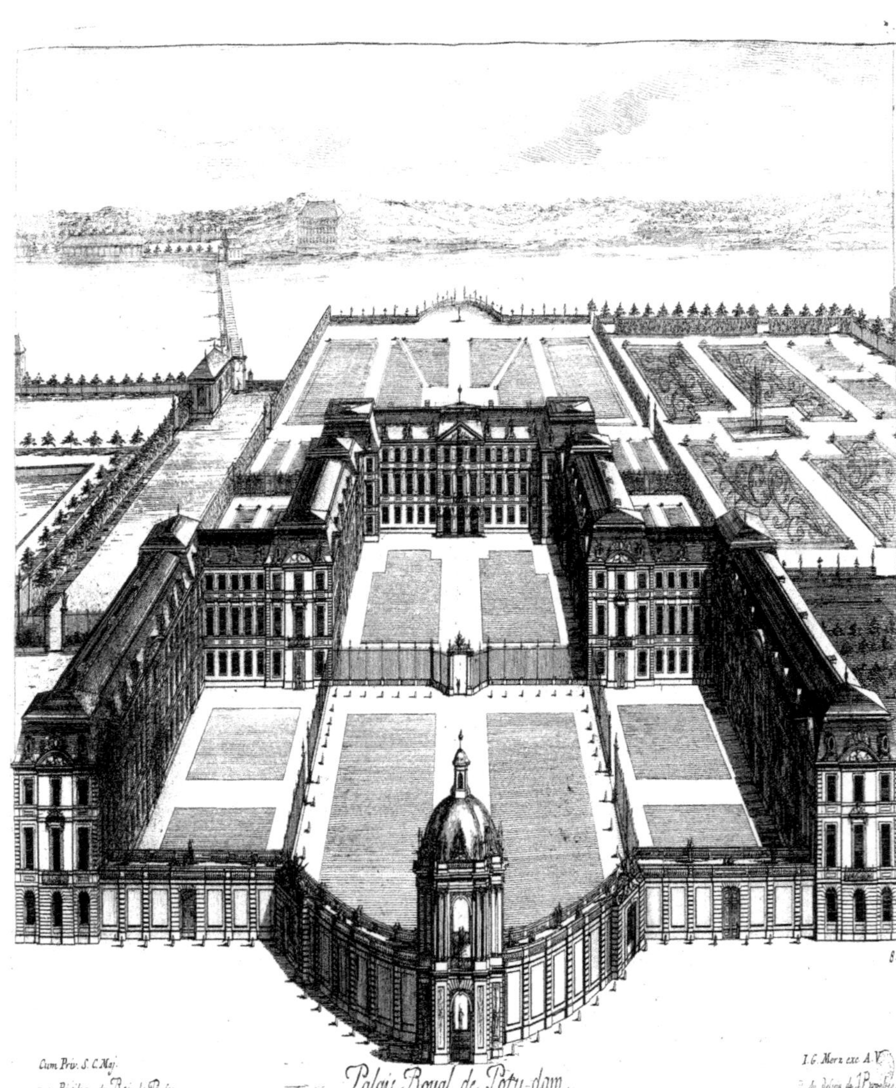

Cum Priv. S. C. Maj.
avec Priuilege du Roj de Prusse
Palais Royal de Potzdam.
I. G. Merz exc A. V.
de dessein de J. Broebes

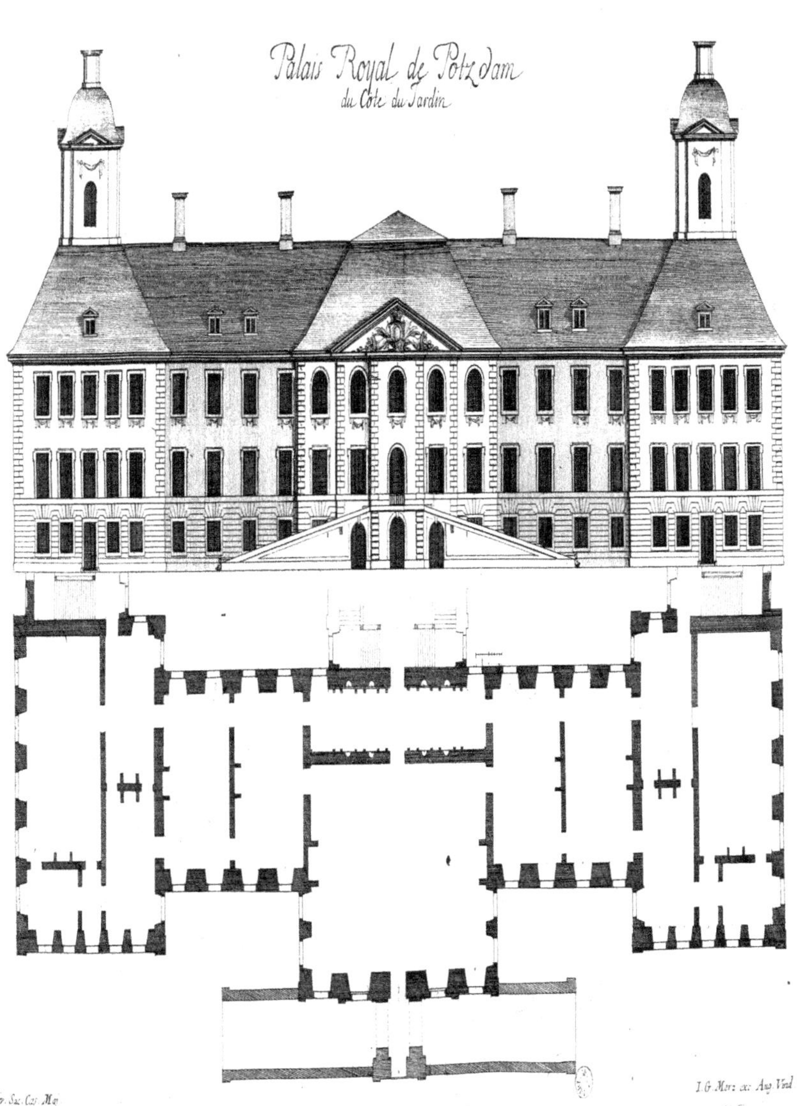

Palais Royal de Potzdam
du Côte du Jardin
Cum Priv. Sac. Cæs. Maj
I. G. Merz exc: Aug. Vind
9

Palais Royal de Potzdam du côte du jardin
Coupe du Vieux Chateau
Profil du Palais Royal de Potzdam

Faisanerie proche de Potzdam

Cum Priv: Sac: Cæs: Maj:

I G Merz exc: Aug: Vind: II–4

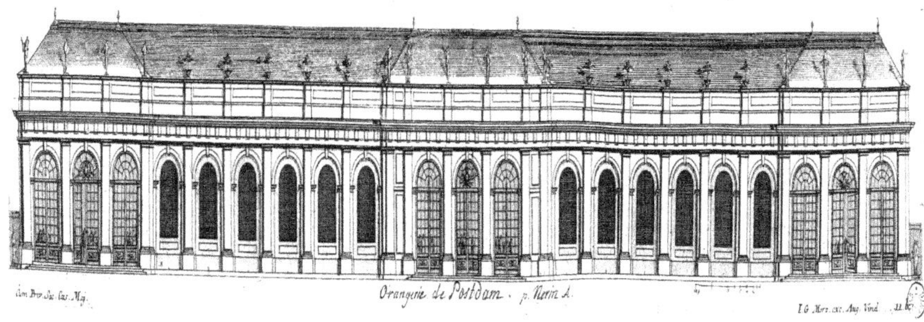

Orangerie de Postdam. p. Nerin A.

Cum Priv: Sac: Cæs: Maj:

I G Merz exc: Aug: Vind: II–5

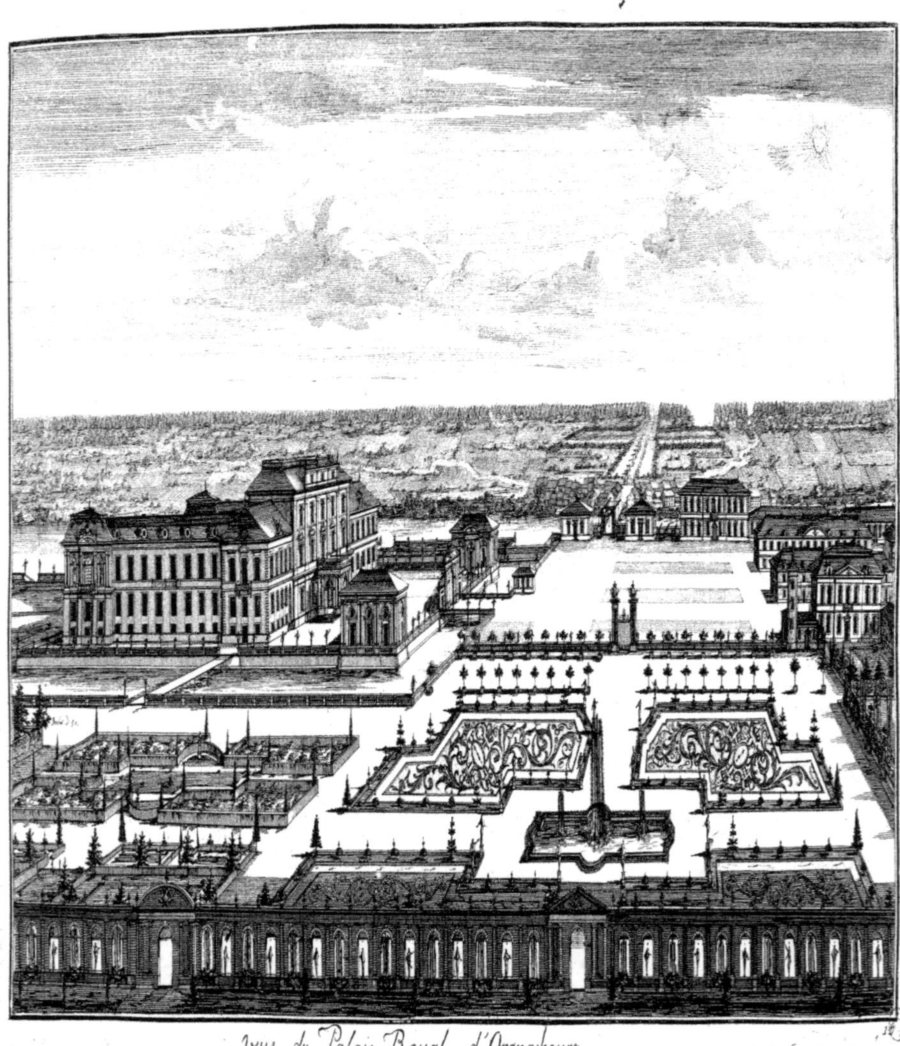

Vuüe du Palais Royal d'Orangebourg.

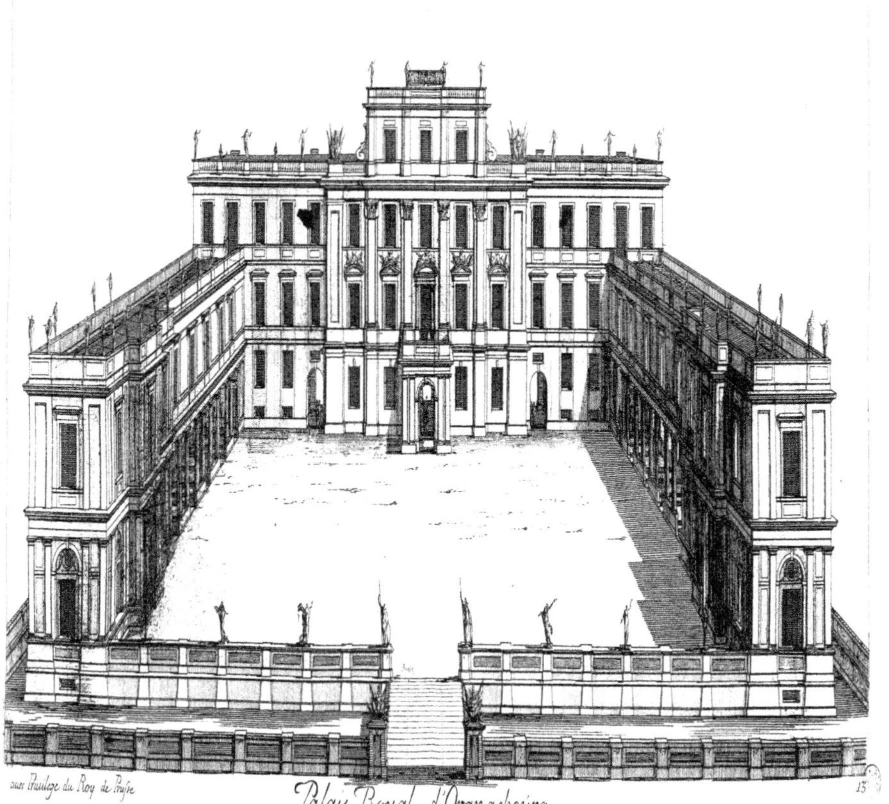

avec Privilege du Roy de Prusse.
Palais Royal d'Orangebourg
Cum Priv. Sac. Cæs. Maj.
J. B. Merz exc. Aug. V.
15

Chambre de Porcelain du Palais Royal dorengeburg.

Palais Royal d'Orangebourg.

Cum Priv. Sac. Caes. Maj.

I. G. Merz. exc: A. V.

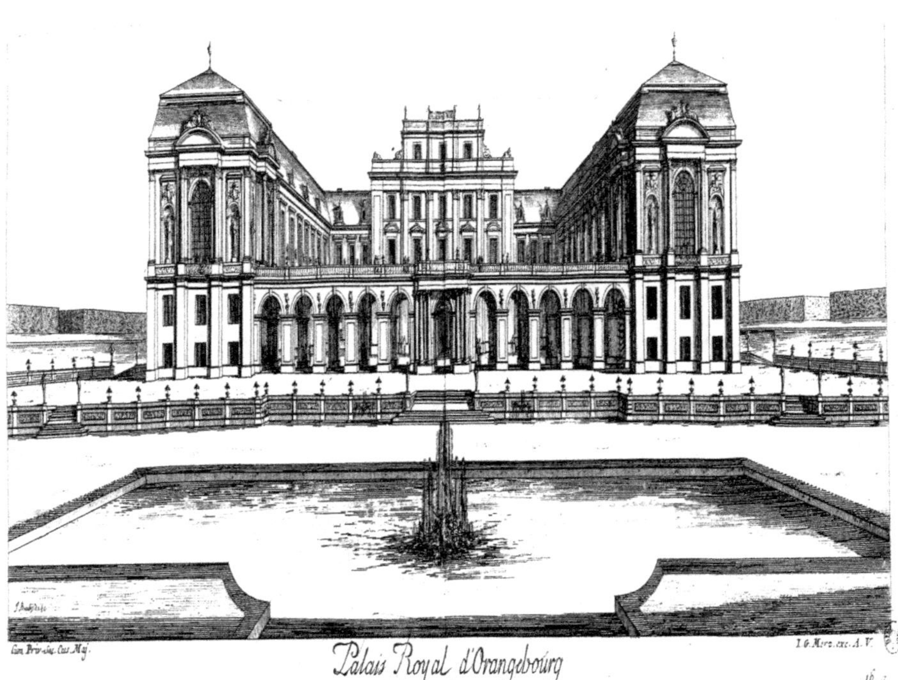

Palais Royal d'Orangebourg
du Côté des Prairies

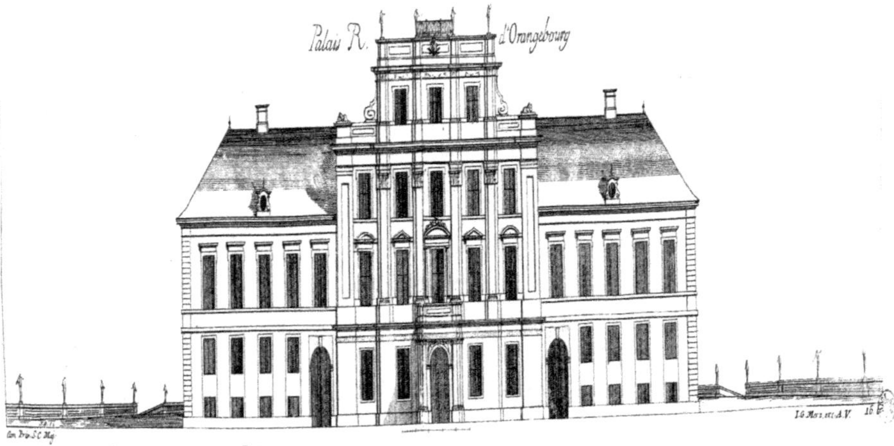

Palais R. d'Orangebourg

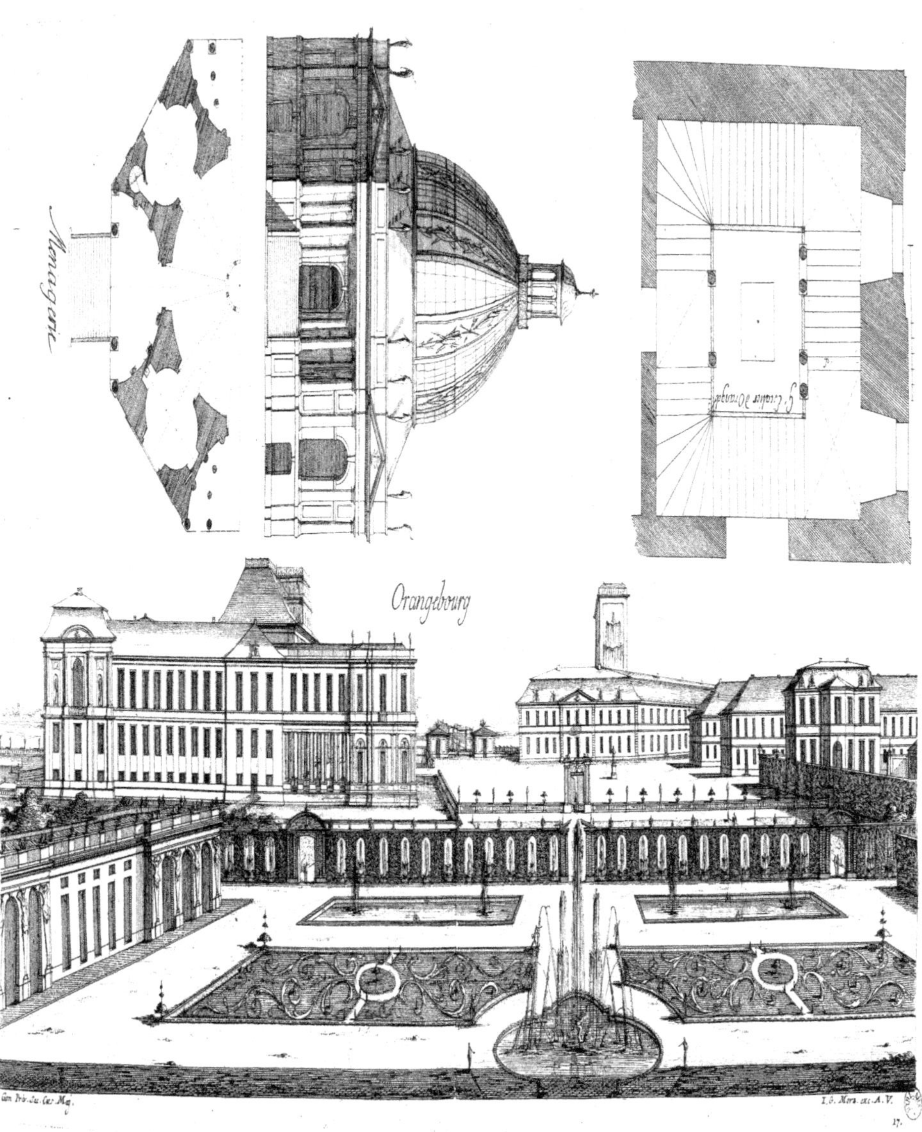

Almagene
Orangebourg
Escalier d'orange
Cum Priv. Sa. Cæs. Maj.
I. G. Mert. del. A. V.
17.

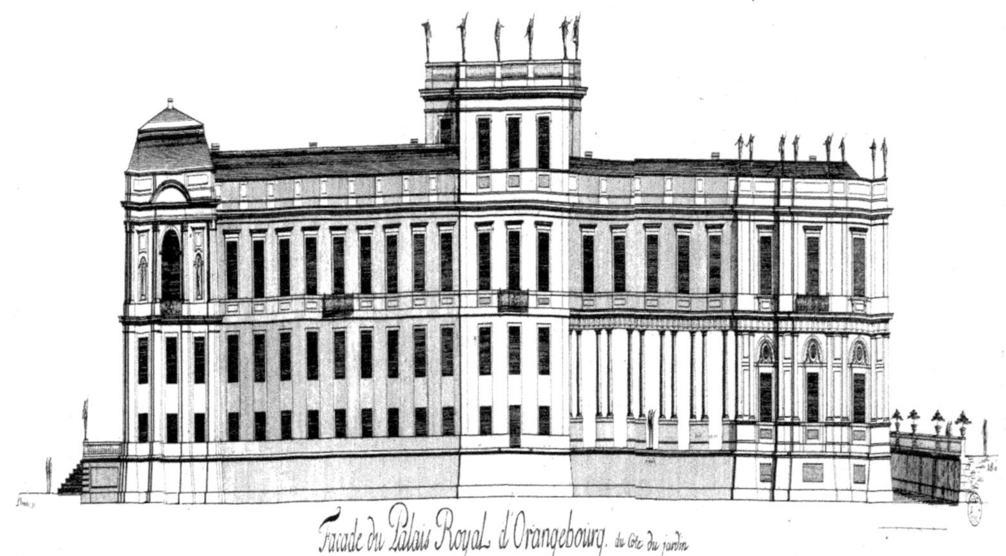

Facade du Palais Royal d'Orangebourg. du Côté du jardin

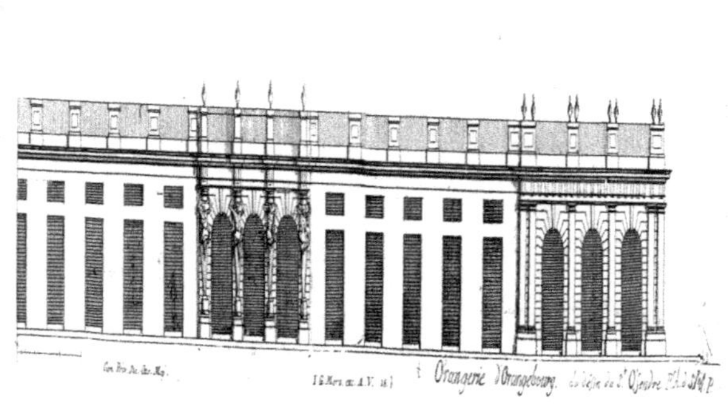

Orangerie d'Orangebourg.

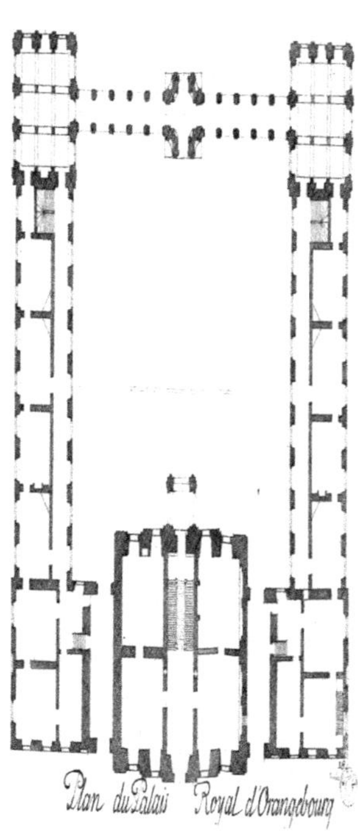

Plan du Palais Royal d'Orangebourg

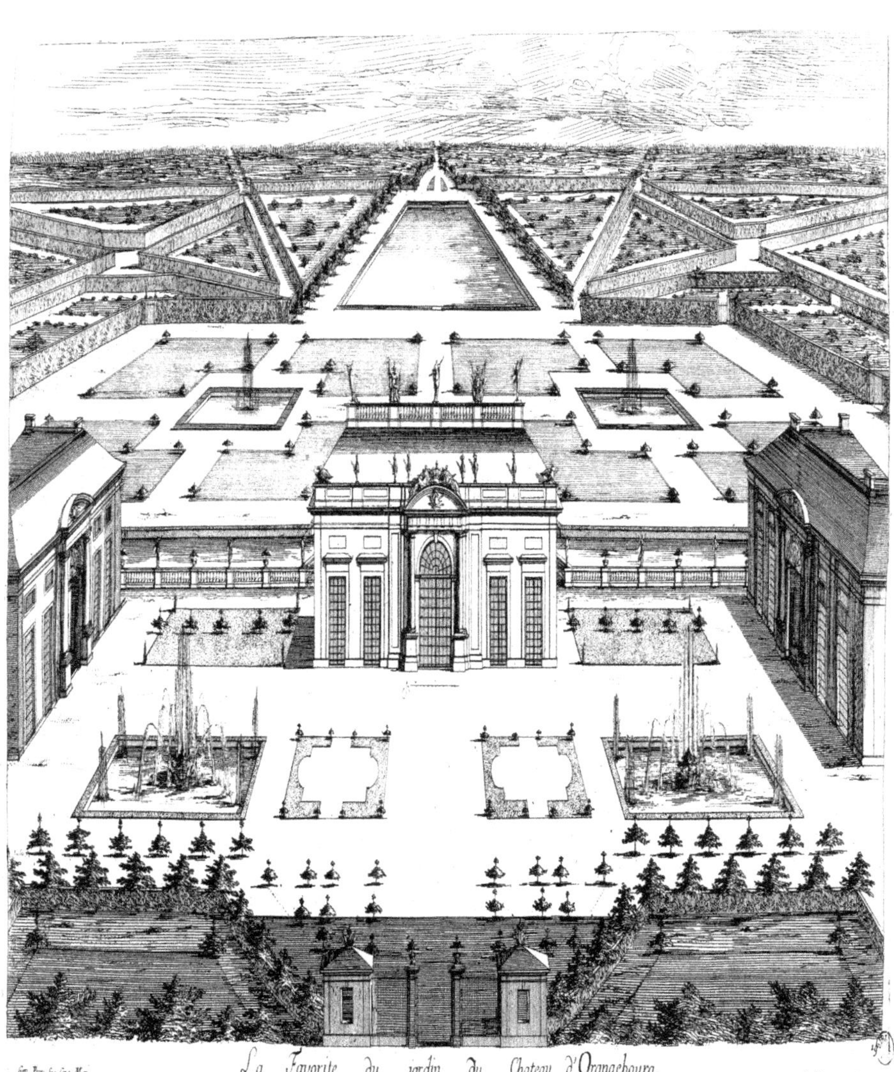

La Favorite du jardin du Chateau d'Orangebourg.

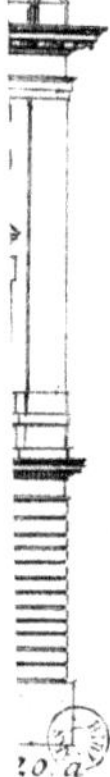

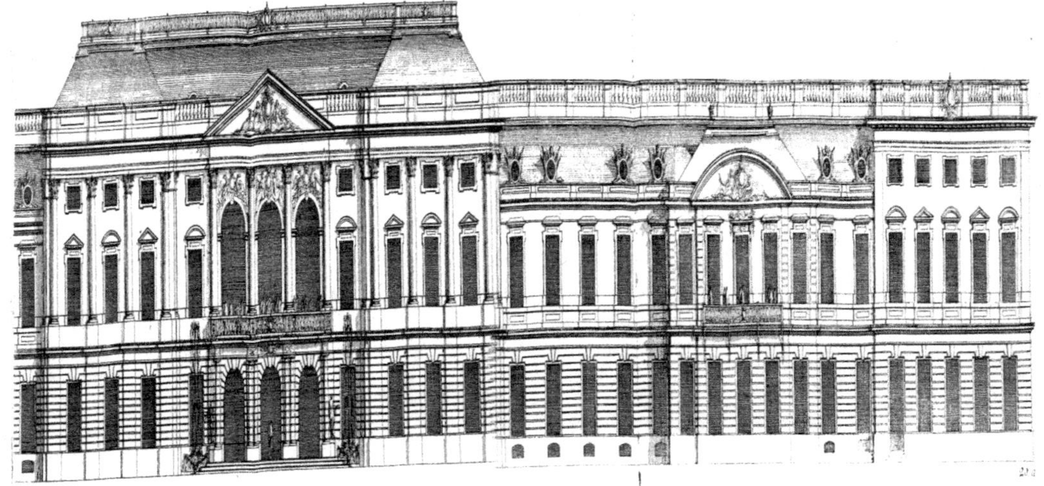

Facade du Palais Royal de Charlottebourg.
Palais Royal de Charlottebourg du Coté du Jardin.

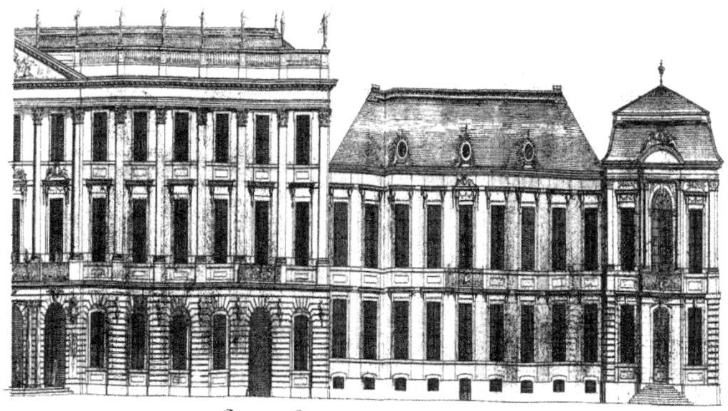

Palais Royal de Charlottenbourg.

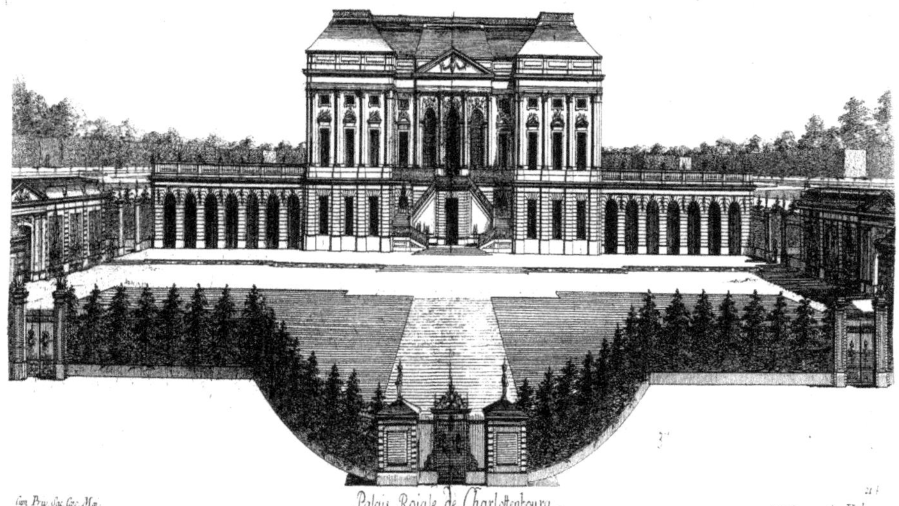

Palais Roiale de Charlottenbourg.

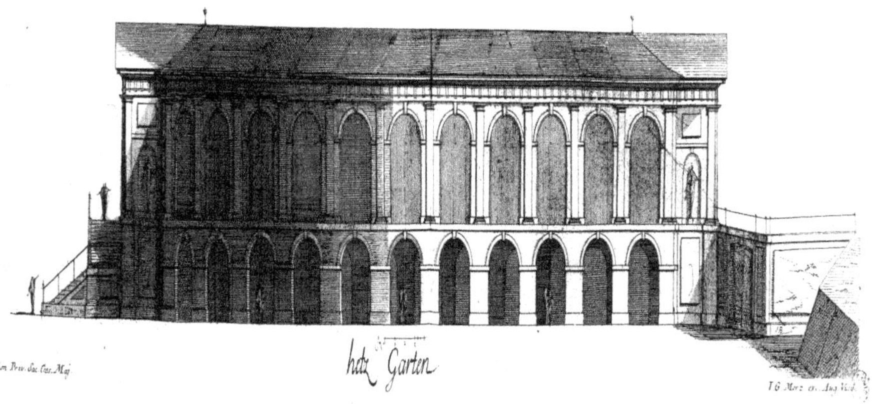

hde Garten.

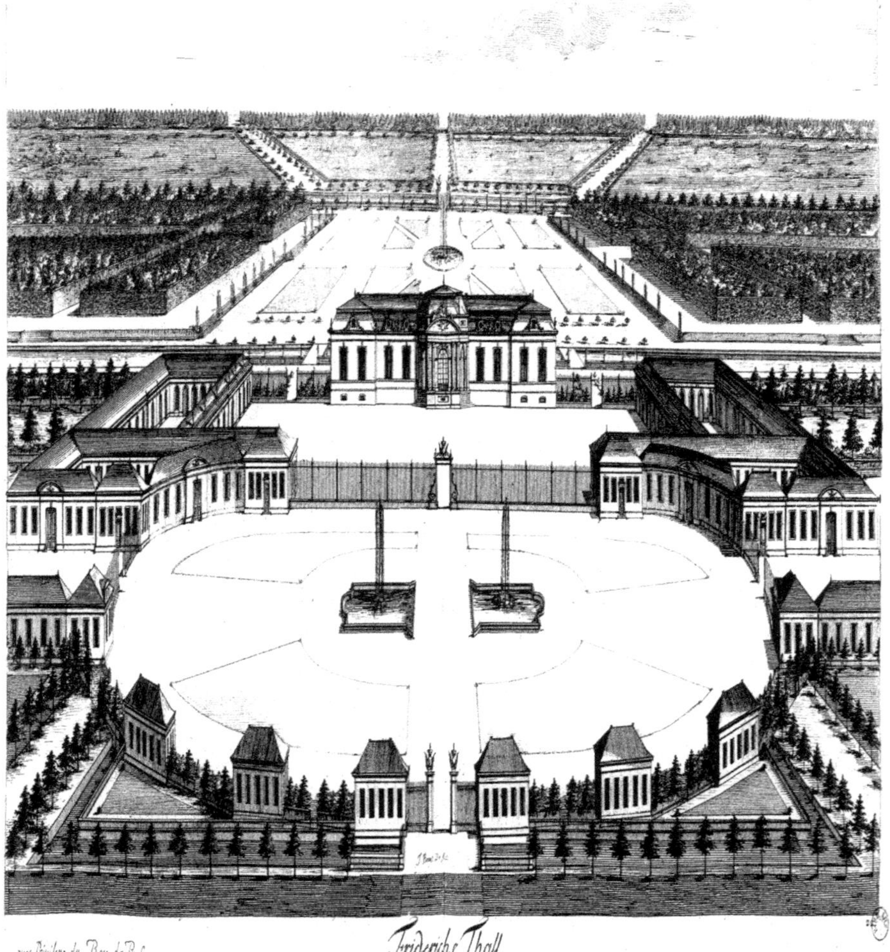

Friderichs Thall

Friderichs Feldt

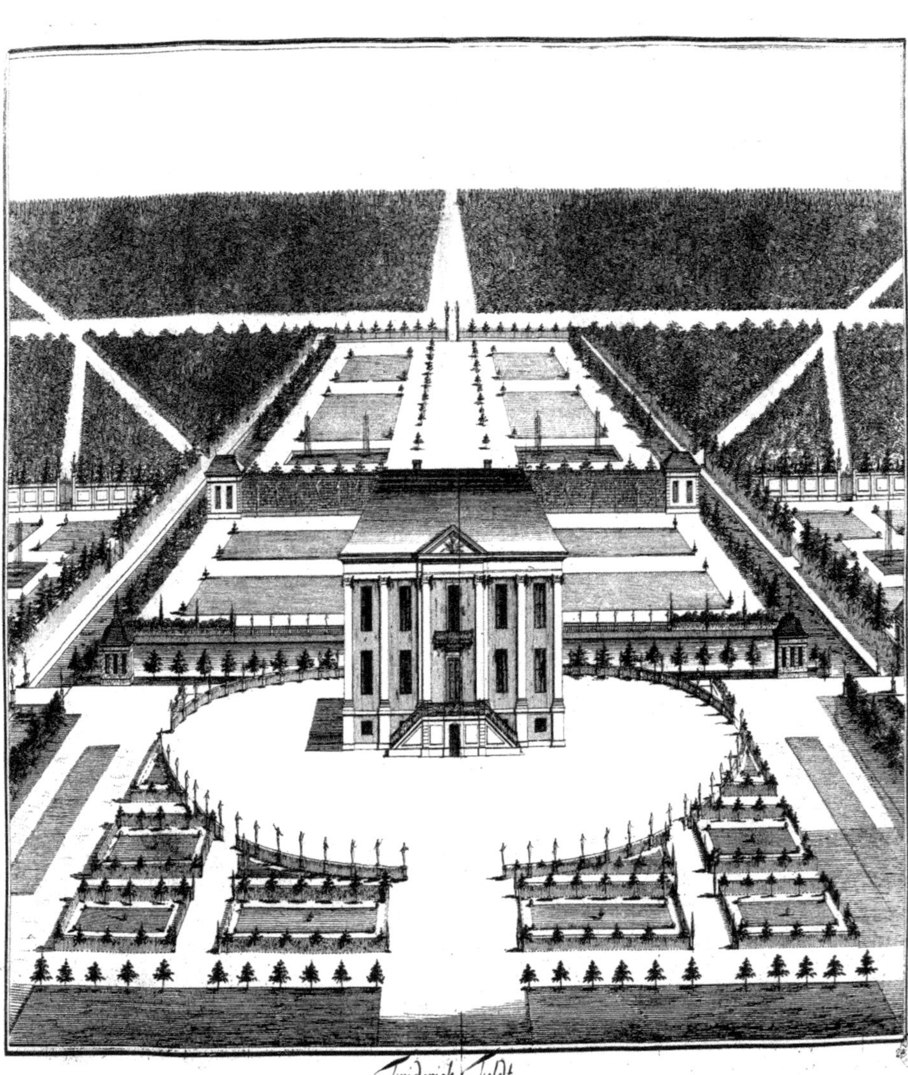

Con. Priv. S. C. Mtj.
Friderichs Feldt
I. G. Merz. exc. A. V.

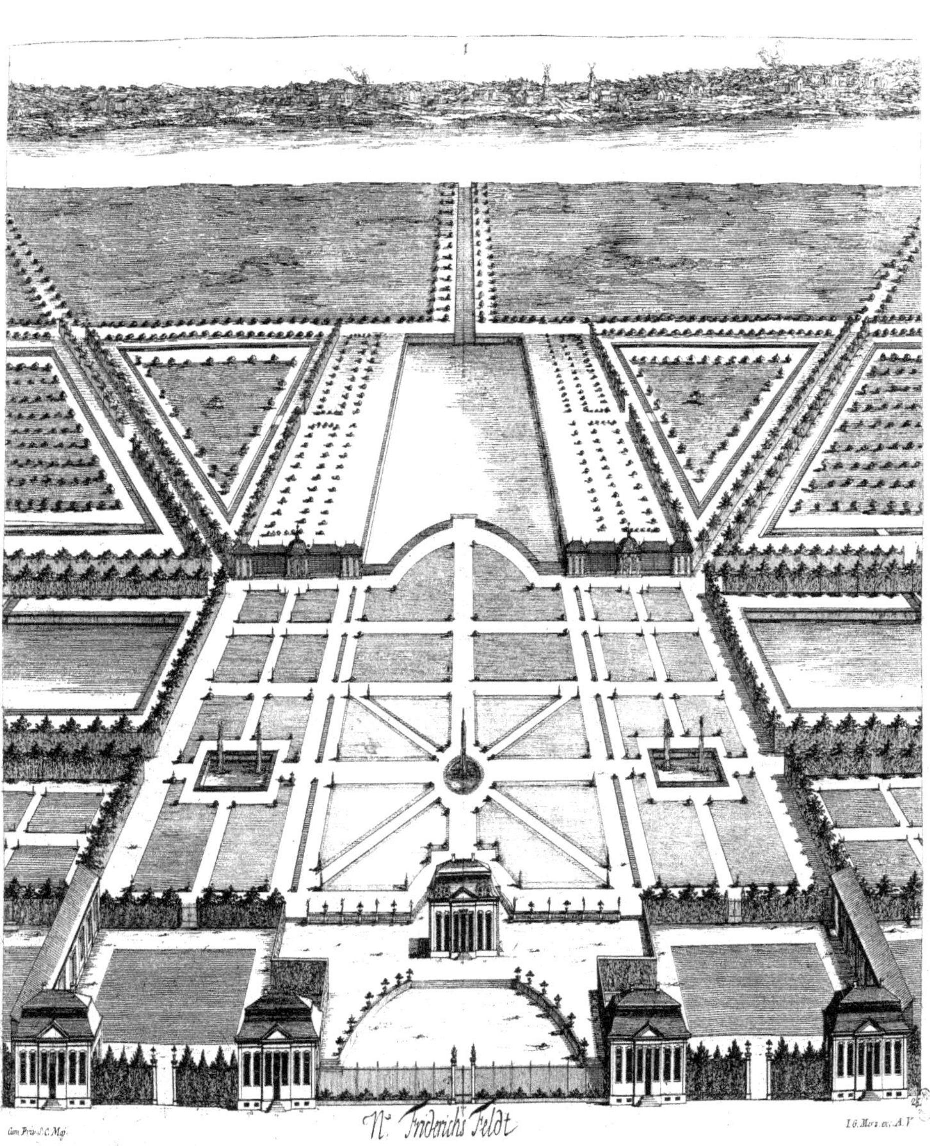

N: Friderichs Feldt
Cum Priv. S.C. Maj.
I.G. Merz exc. A.V.

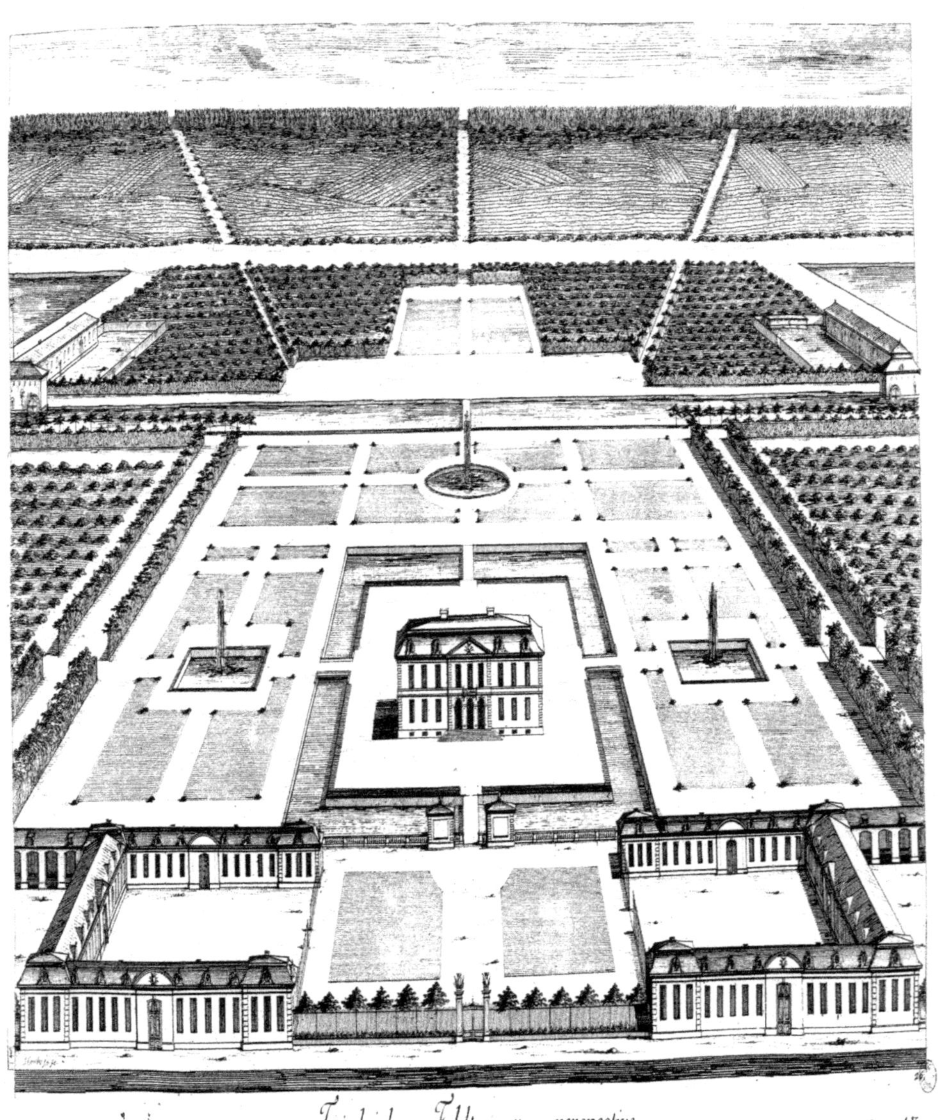

Friedrichs - Feldt en perspective.

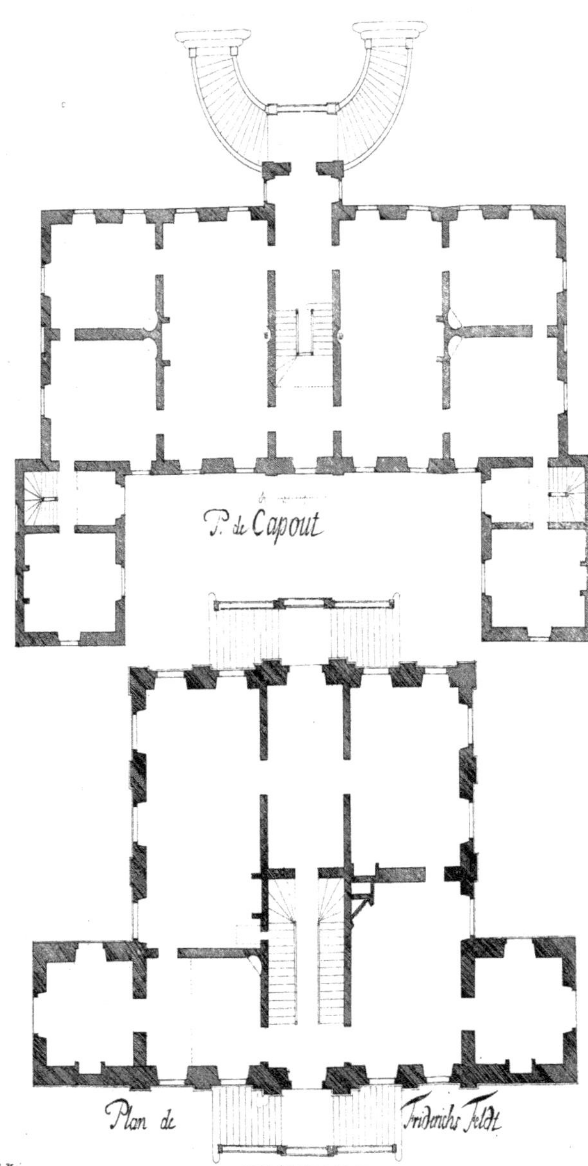

P. de Capout
Plan de Friderichs feldt
Cum Priv. S.C. Maj.
I.G. Merz exc. A.V.

Capot

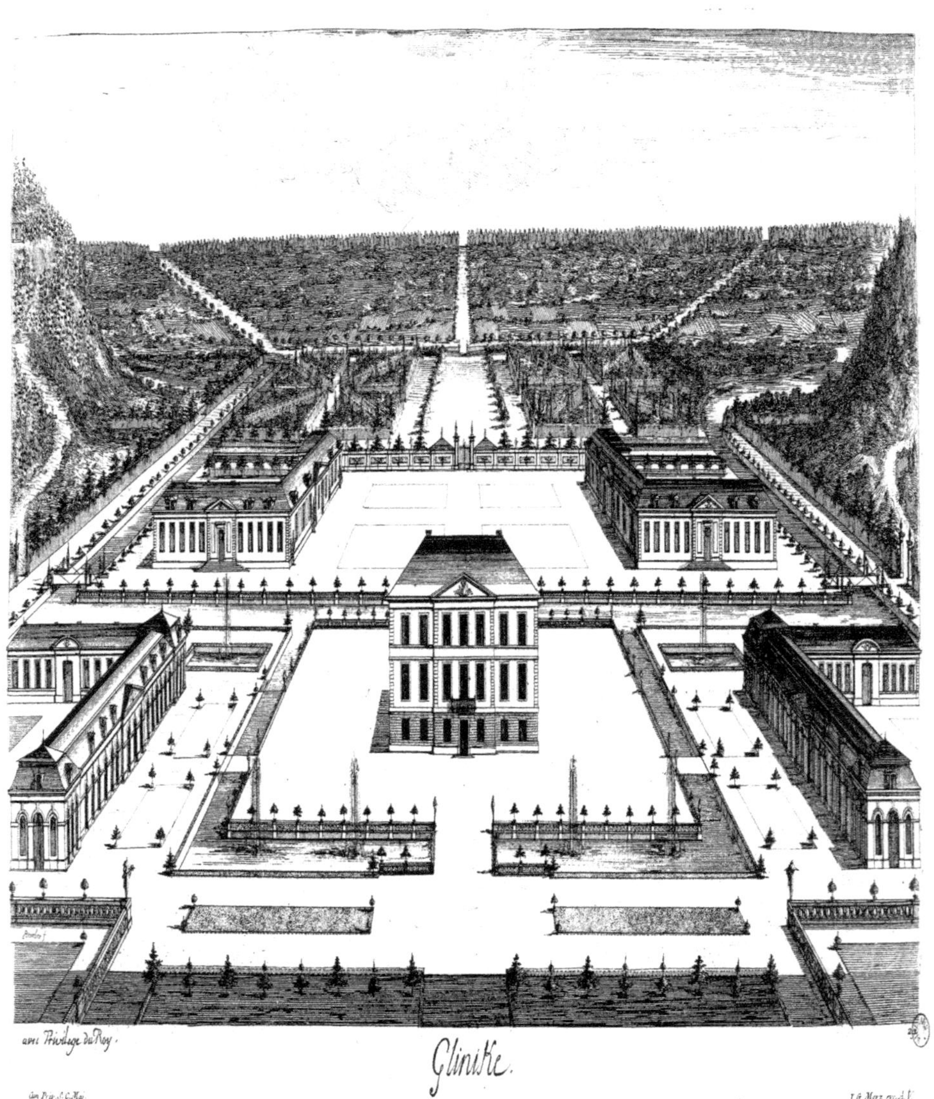
Prodon f
avec Privilege du Roy.
Glinike.
Cum Priv. S. C. Maj.
I.G. Mer. exc. A.V.

Sallon de Glincke

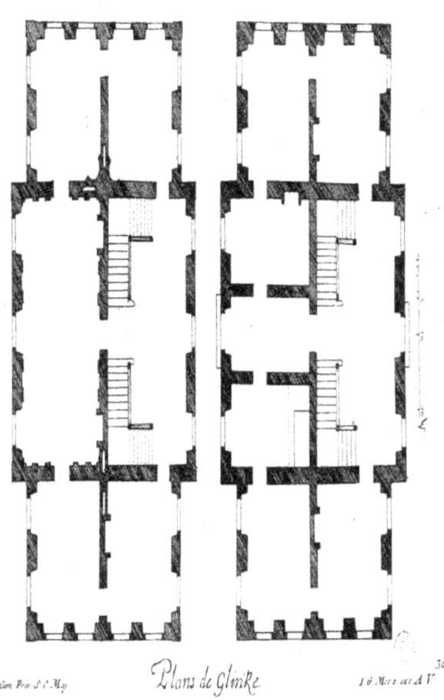

Plans de Glincke

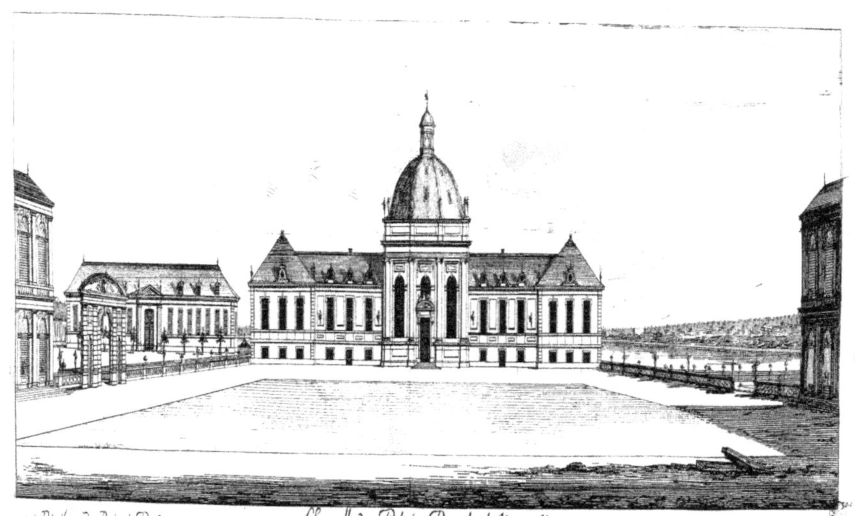

Chapelle du Palais Roial de Kopenick.

Köpenick

avec Privilege du Roy de Prusse — Palais Royal. — du Dessein de Langrefel

Cum Priv. S. C. Maj. — J. G. Merz. exc. A. V.

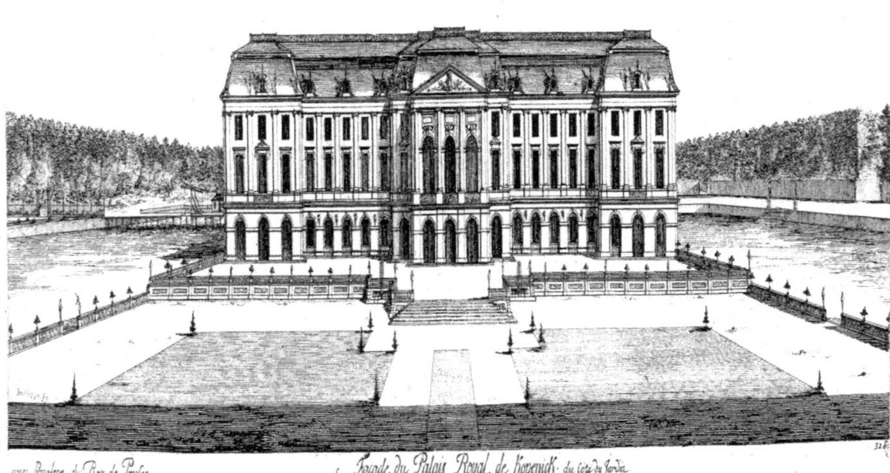

avec Privilege du Roy de Prusse — Facade du Palais Royal. de Kopenick. du coté du Jardin — Cum Priv. S. C. Maj. — J. G. Merz. exc. A. V.

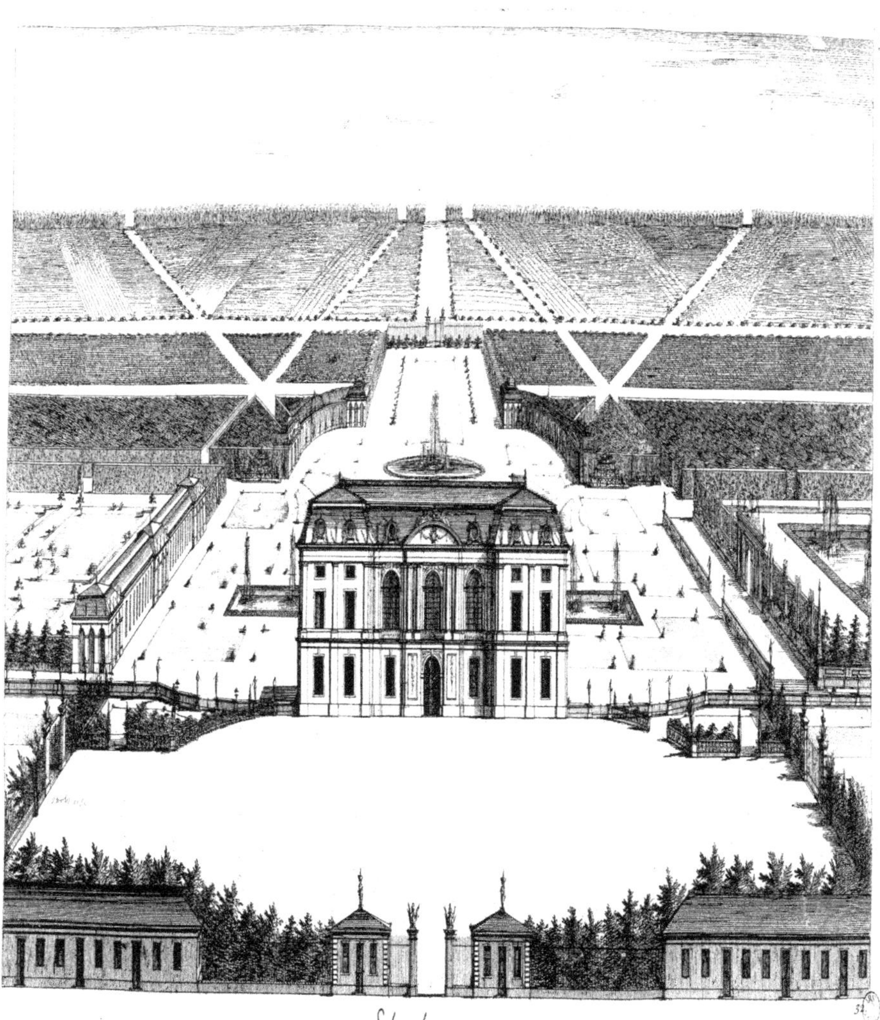

Con Priv. d. C. Maj.
Schon hausen
I. d. März. exc. A. V.
52.

Schon Hausen

Rösen Thal

Cum Priv. S. C. Maj.

J. G. Merz exc. A. V.

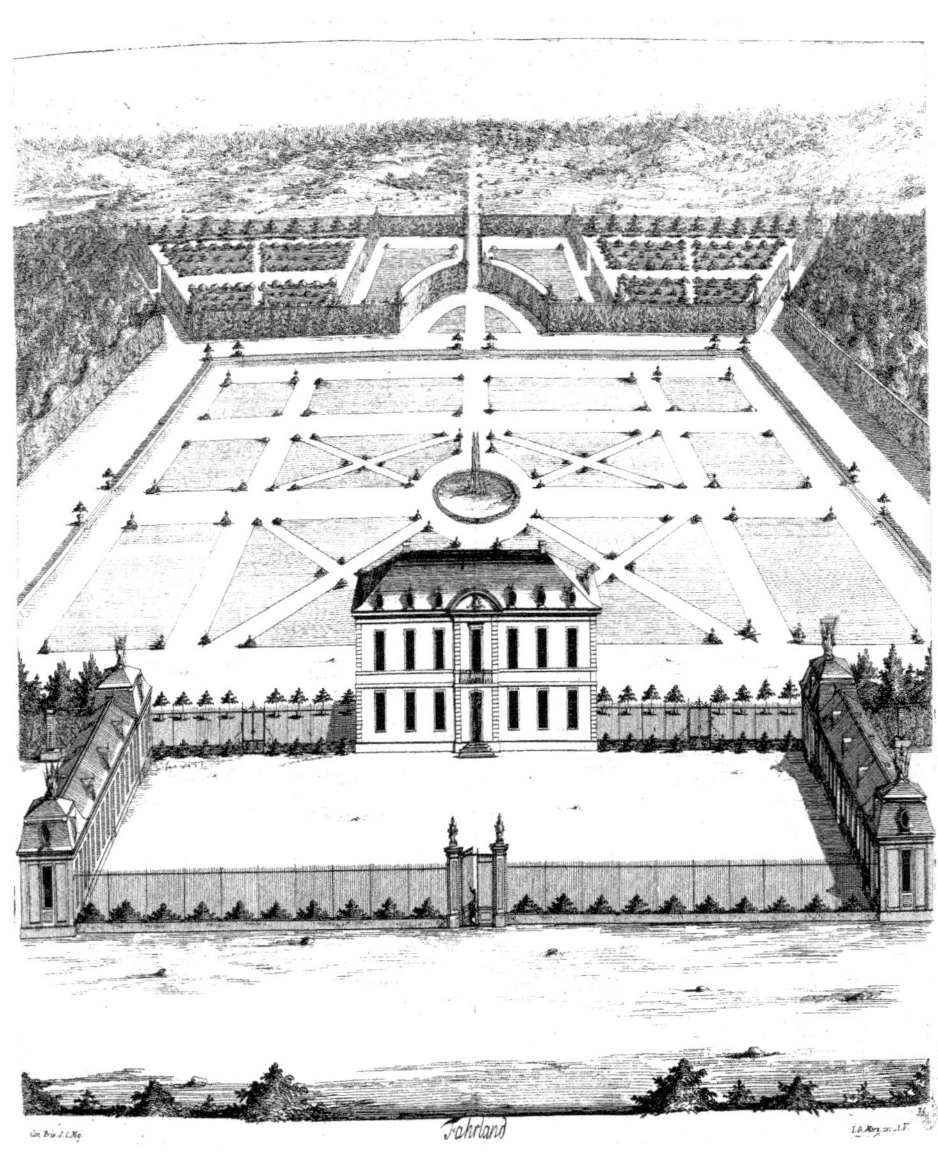

Fahrland

Rome

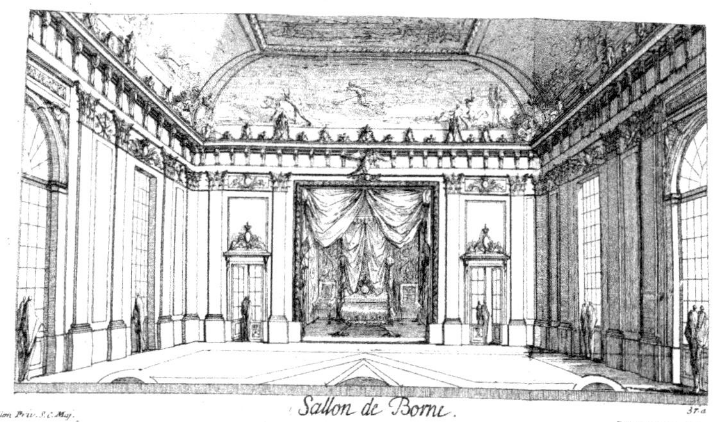

Sallon de Borne.

Escalier de Borne.

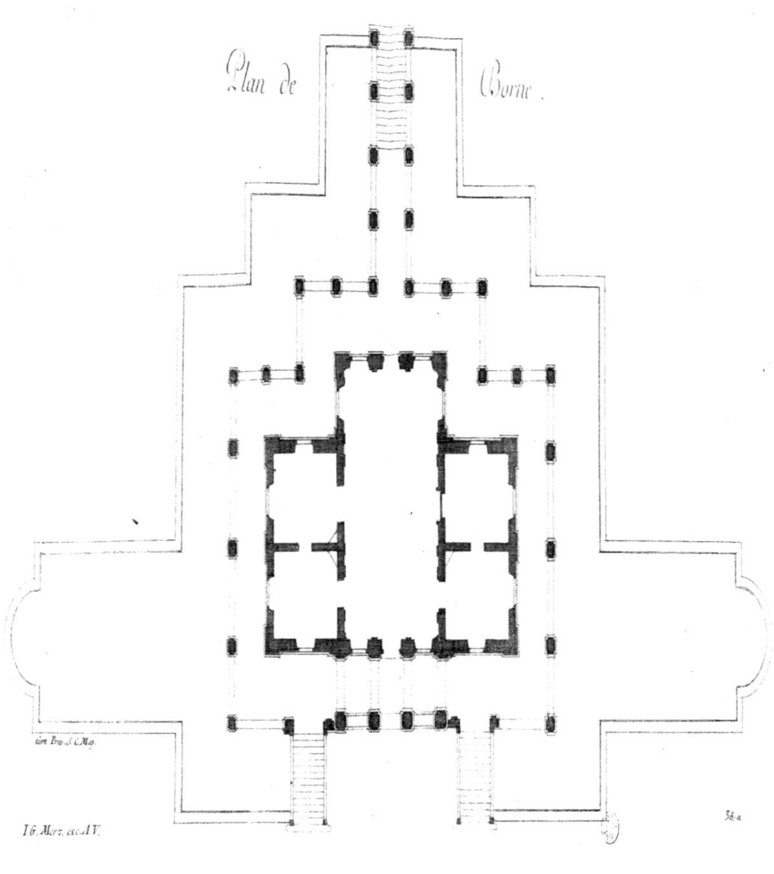

Plan de Borne.
1 G. Merz. exc. A V.
36 a

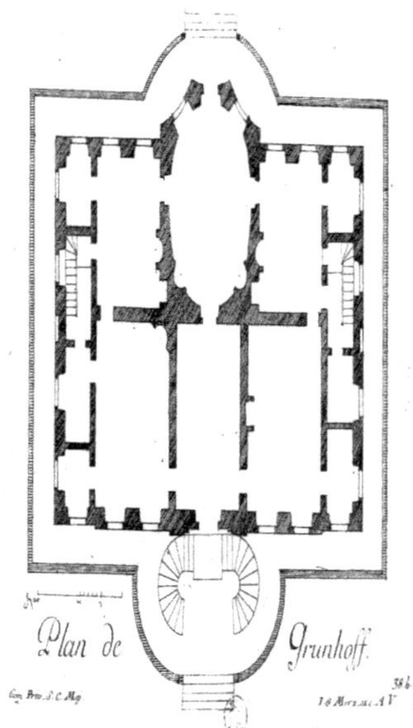

Plan de Grunhoff.
Cum Priv. S. C. Maj.
1 G. Merz. A V.
36 b

Grünhoff

Cum Priv. S. C. Maj.
I. G. Mertz exc. A. V.

Newdorff.

Blanckenfeldt

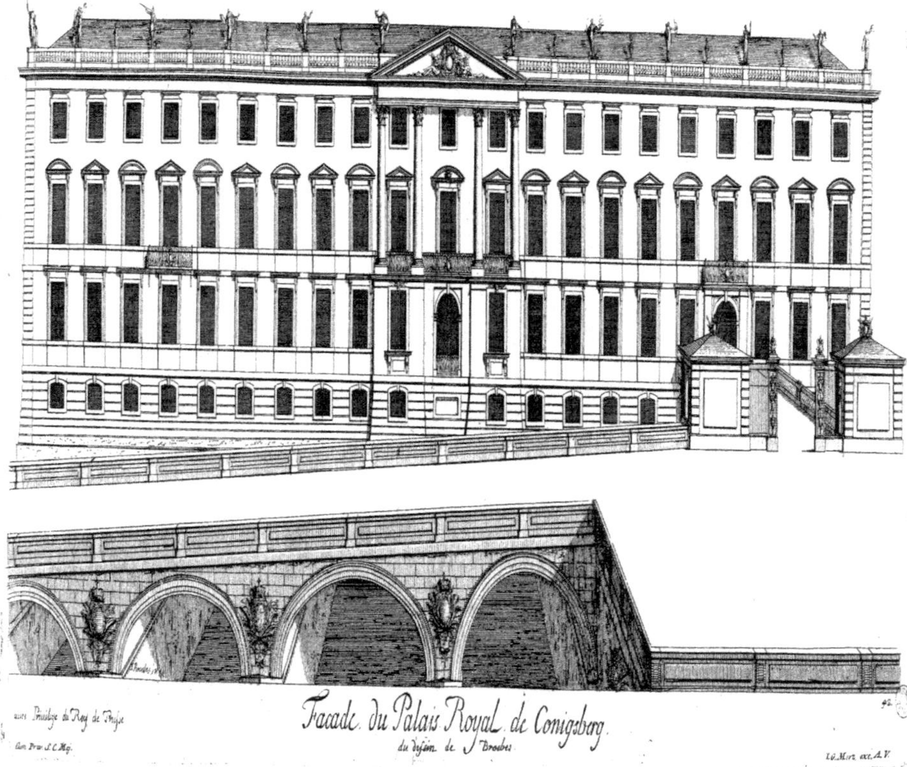

Facade du Palais Royal de Conigsberg.

Ellevation du Palais Royal de Conigsberg in dedans de la Cour

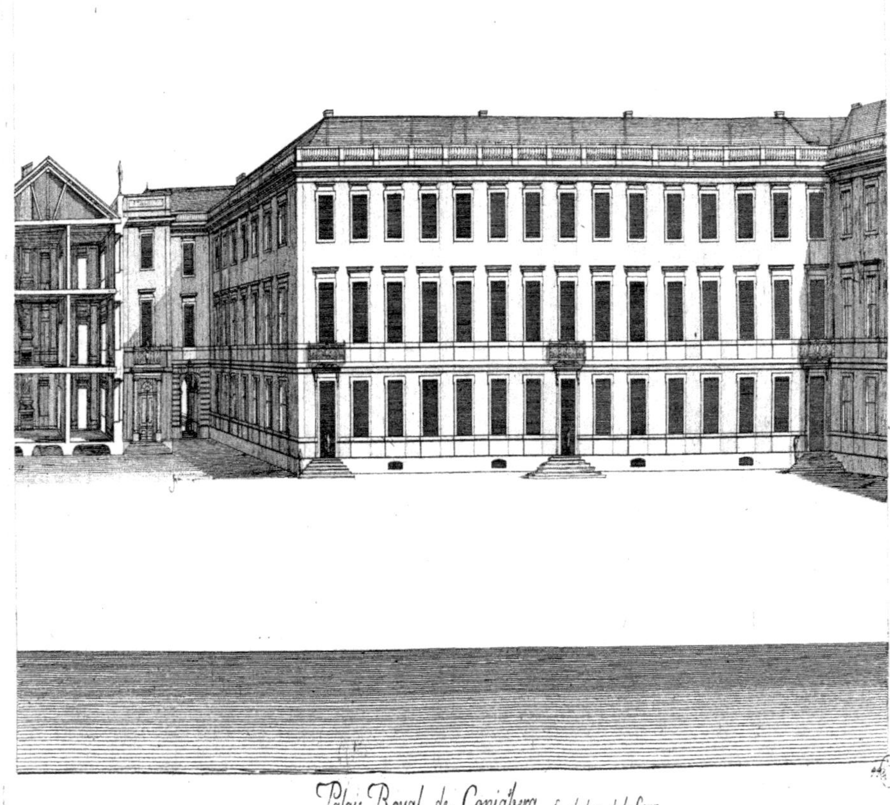

Palais Royal de Conigsberg en dedans de la Cour

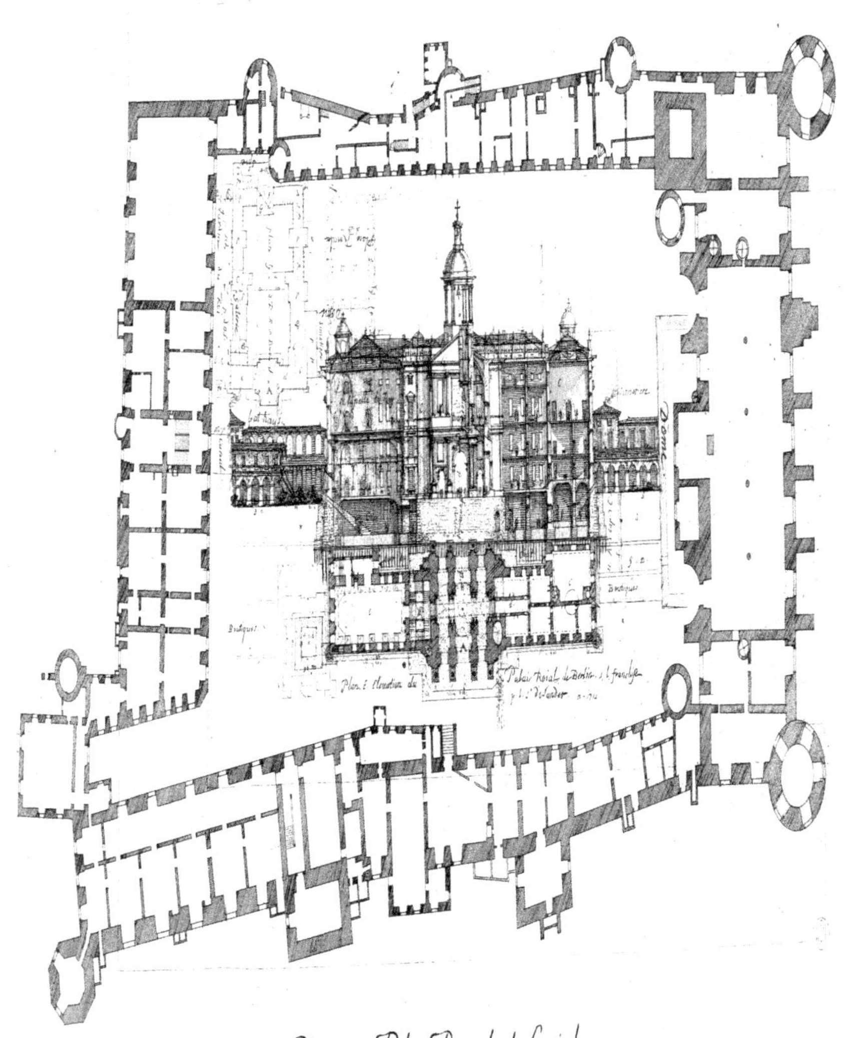

Plan. du Palais Royal. de Conigsberg.

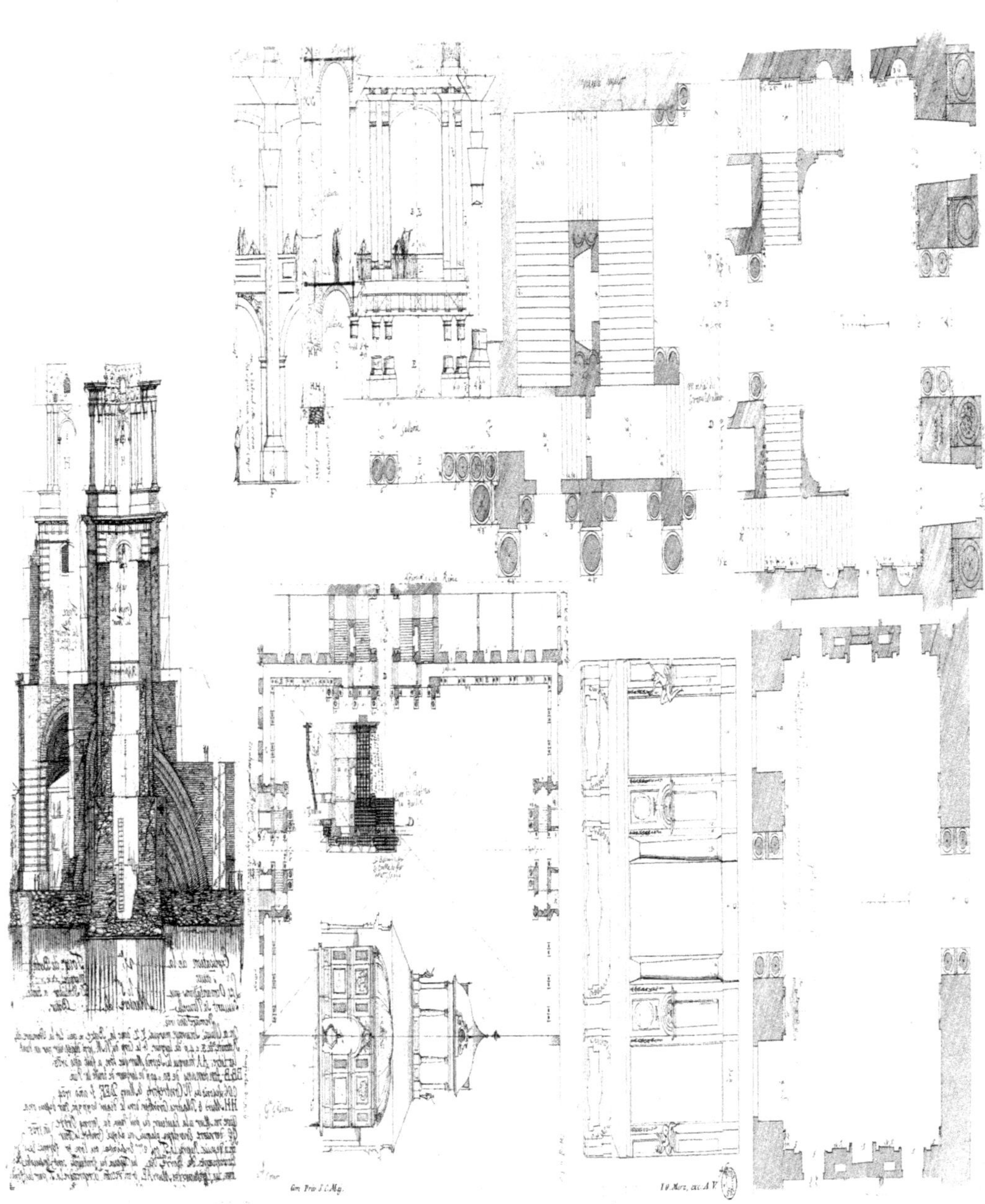

BREMER BURSE

Bourse de Breme

PORTE DE BREME

2

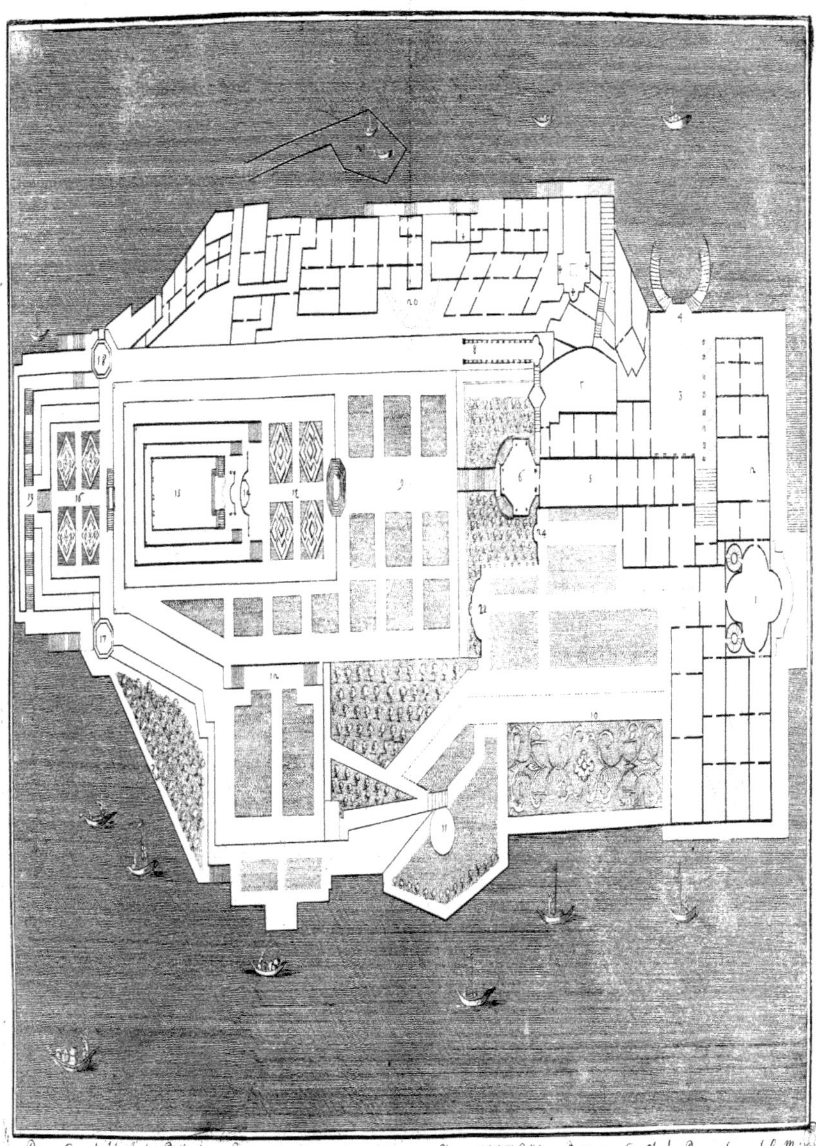

Pianta Generale del Isola Bella di sua Ecc.za il Sig. Conte Barromeo Arese sul Lago Maggiore — Plan general du l'Ill. Bell de son Exc. Monsieur Comt Charles Borromée Arese sur le Lac Majeure

Veduta a mezzo dì del Isola Bella di sua Ecc.ᵃ il Sig Conte Boromea Arese   Vene du coté du midi de l'Ill Belle de son Exc. Mons.ʳ le Comte Charles Borromeo

Marc Ant. Dal Re, sculp. P. à C. C. M.

Veduta al naturale del Isola Bella di sua Eccel.za il Sig.r Conte Carlo Borromeo Arese sul Lago Maggiore

Veduta del Isola Bella dalla parte del Caseggiato   Veüe de L'Isle Belle du Coté des Batimens

Prospetto del Isola Bella verso mezzo Giorno   Marc Ant: Dal Re Incis: C.P.S.C.M.   Perspective dut Ill. Bell du cote du midi

Teatro Massimo dell' Isola Bella.   Grand Theatre de l'Isola Bella.

Veduta del Isola Madre di sua Ecc.ᵃ Il Sig Conte Carlo Borromeo Arese   Veüe de L'Isle Borromeé dite Isle Mere sur le Lac Majeur.

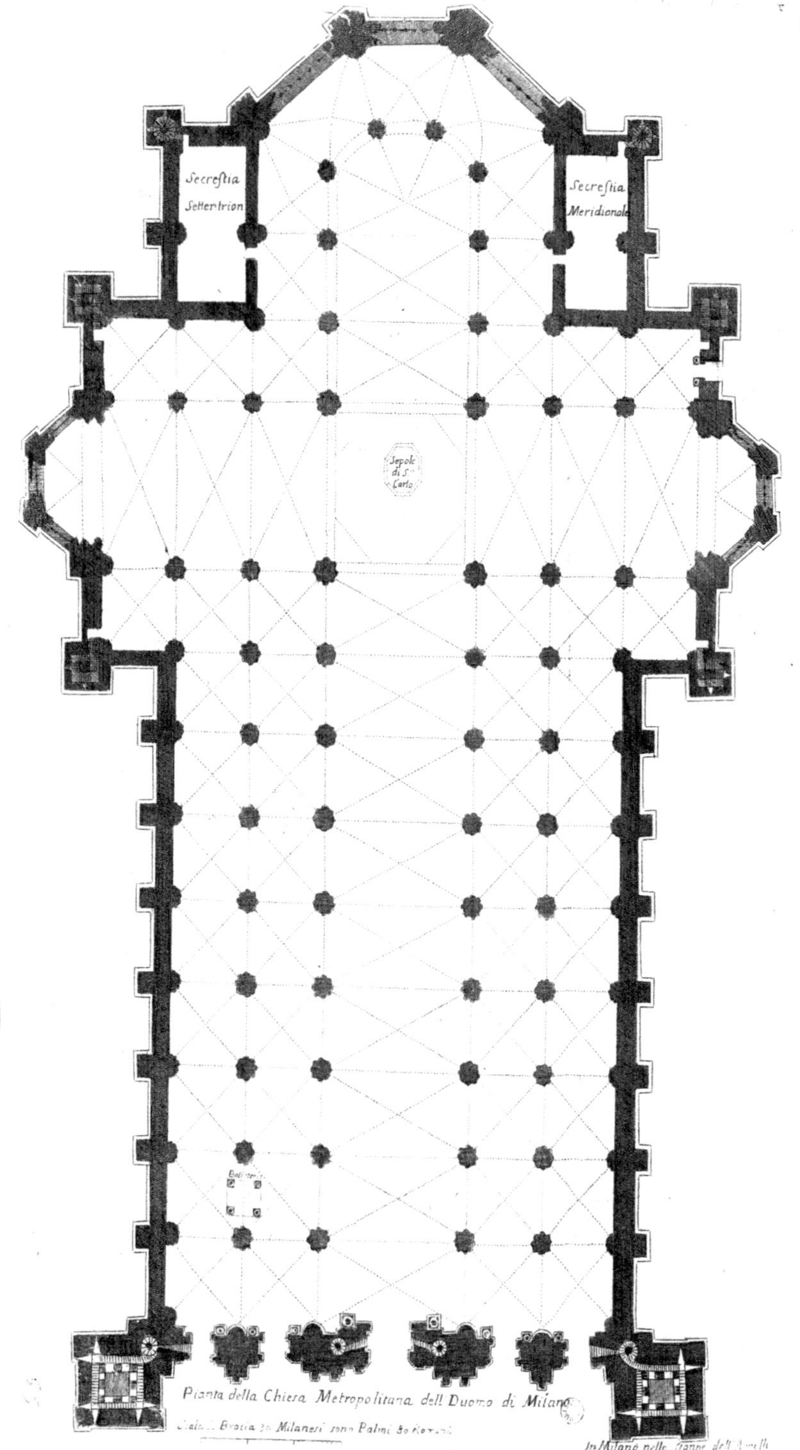

Pianta della Chiesa Metropolitana dell Duomo di Milano

Disegno della Facciata del Duomo di Milano di Carlo Buzio Architetto della Città
e d'essa Veneranda Fabrica.
Aurelli f.

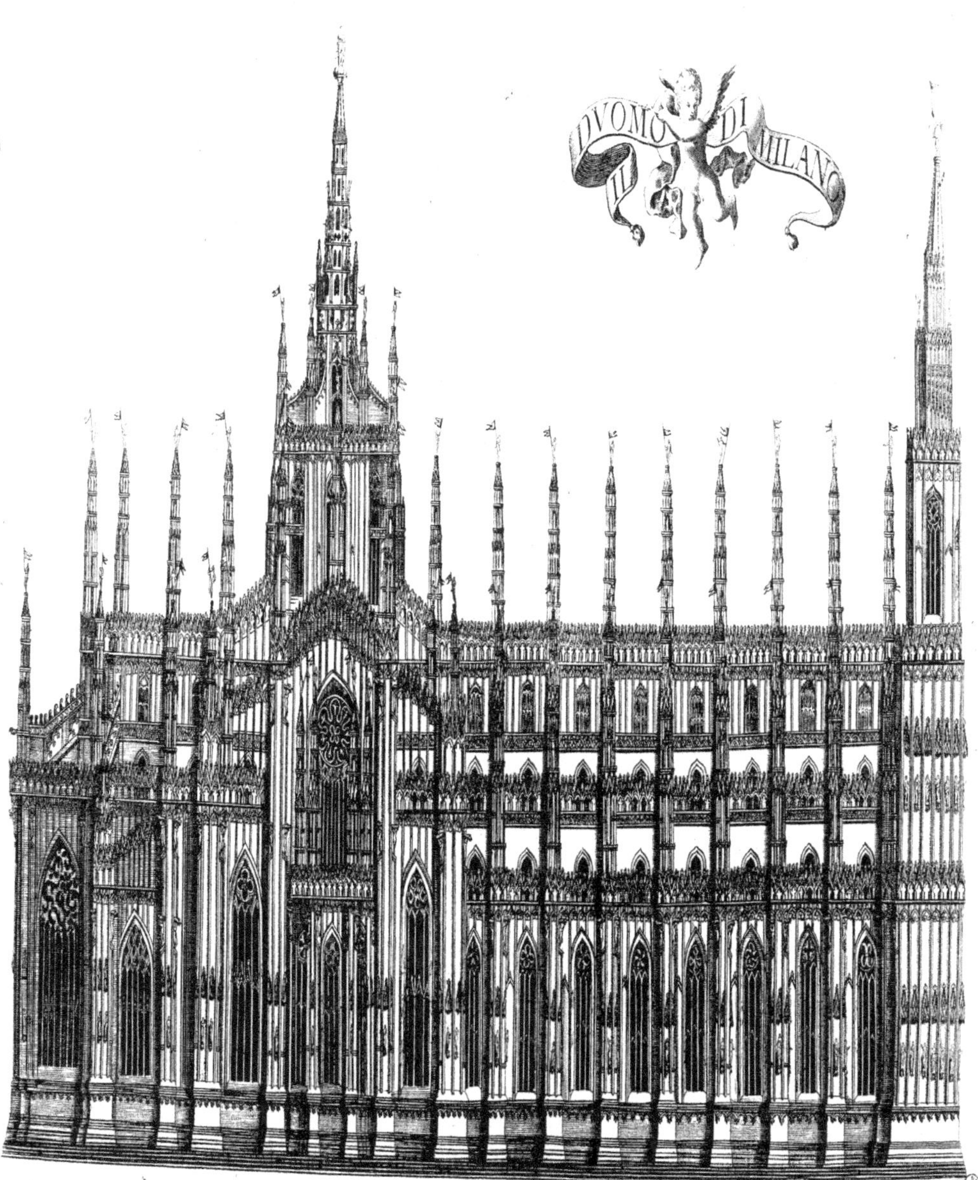

Vero disegno delle parti laterali dell Insigne e Sontuosiss.ma Chiesa Metropolitana di Milano, detta con ragione l'ottaua marauiglia del Mondo. questo gran Tempio e fatto ad Architettura Gotica tutto a Marmi Statue ed Obelischi: ha cinque Naui corrispon.ti a cinque Porte che si ueggono nel disegno d.a Facciata, e sopra il Coro un altis.ma Cupola come si uede dal disegno

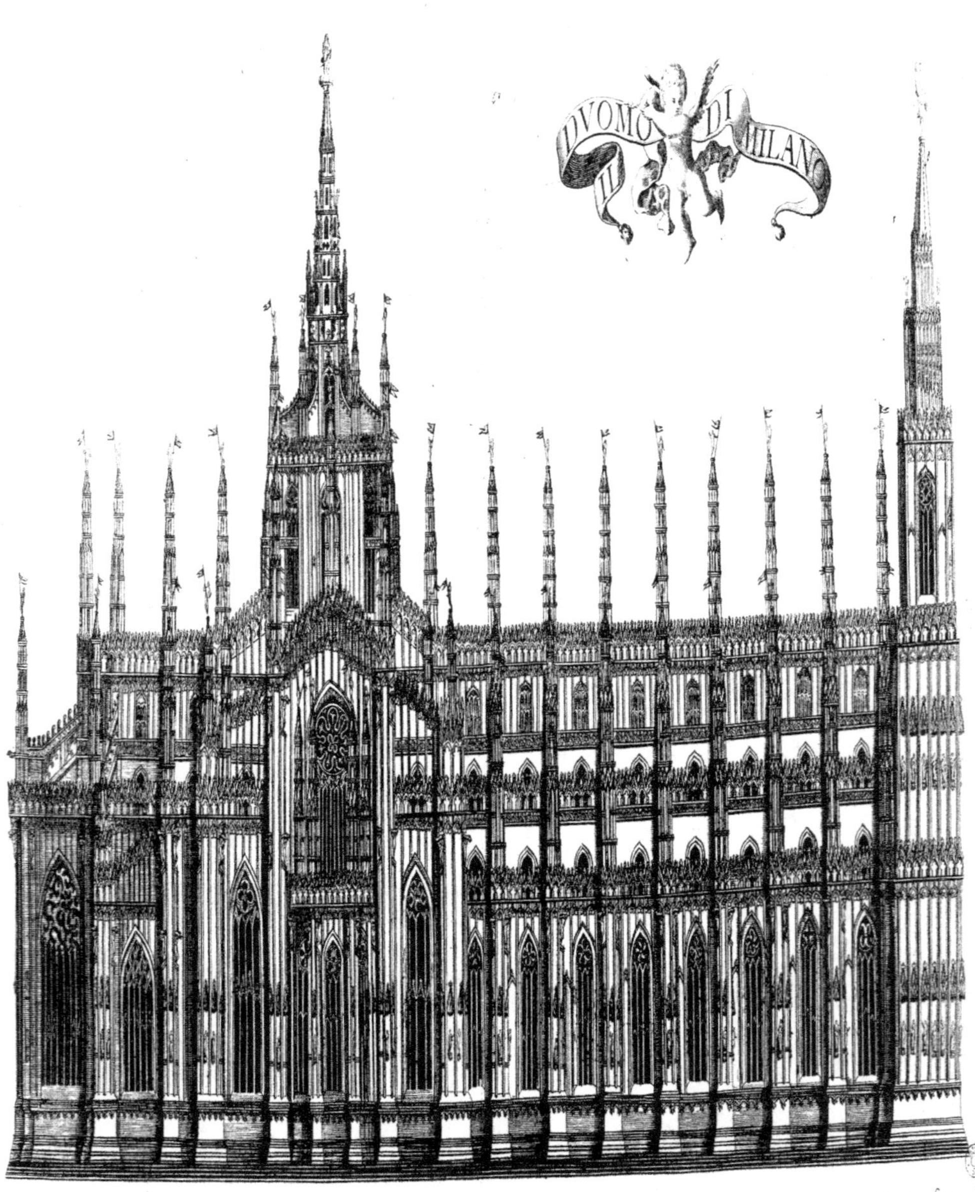

Vero disegno delle parti laterali dell'Insigne e Sontuosiss.ᵐᵃ Chiesa Metropolitana di Milano, detta con ragione l'ottaua marauiglia del Mondo, questo gran Tempio e fatto ad Architettura Gotica tutto a Marmi Statue ed Obelischi: ha cinque Naui corrispon.ᵗᵉ a cinque Porte che si ueggono nel disegno d͡la Facciata, e sopra il Coro un altiss.ᵐᵃ Cupola come si uede dal disegno

Prospettiva della p.ᵐᵃ Macchina de fuochi d'artificio rappresentante il Concilio delli Dei, con cui misteriosamente s'allude, e dà applauso alla Somma Providenza di S. M. C. C., ch'intende sempre mai indefessa all' aumento, e stabilimento dell' Imperio, e della Pace Universale dell' Orbe Christiano; fatta ardere la med.ᵃ Macchina la sera della Vigilia de SS. Pietro, e Paolo Apostoli, doppo presentata alla Santità di Nrō. Sig.ʳᵉ PAPA CLEMENTE XII. da Sua Ecc.ᶻᵃ il S.ʳ Pn̄pe. D. FABRIZIO COLONNA Gran Contestabile del Regno di Napoli, come Ambasc.ʳᵉ Ces.ᵉ perpetuo estraordinario, la Chinea, li 28. Giugno 1732.

Gio. Batta Sintes incise in Roma con lic. de Sup.

Prospettiva della seconda Macchina de fuochi d'artificio rappresentante il Ratto di Ganimede, che secondo il senso di Senofonte nel Simposio, di Cicerone nel pr.° lib. delle Disputaz.i Tusculane, ed altri Filosofi vien preso per la bellezza dell' animo, che della Virtù reso accetto alla Superna Sapienza è tirato, e sublimato alla partecipaz.e de beni della Divinità; onde pare con tal fig.a possa alludersi al plausibile Instituto di S. M. C. C. d'inalzare unicam.te il merito al Ministero del suo Ces.o Imperial servizio. Incendiata l'istessa Macchina la sera della Festa de SS. Pietro, e Paolo Apostoli in occasione della Chinea presentata alla Santità di Nro. Sig.re PAPA CLEMENTE XII. da Sua Ecc.za il S.r GRAN CONTESTABILE COLONNA Ambasc.re Cesareo, estraordinario perpetuo per tal Funzione, li 29. Giugno 1732.

Gio. Batta Sintes incise in Roma con lic. de Sup.

LA
PHERE AUTOMATIQUE,
Travaillée par THRASIUS,
Par les Soins de Mr. ADRIEN VROESEN, & suivant les
Calculs de NICOLAS STAMPIOEN.
Elle fut donnée à l'usage du Public par la Veuve & les Heritiers de
Mr. SEBASTIEN SCHEPERS,
SENATEUR de la Ville de Rotterdam, &c. &c. &c.
Et augmentée & mise en un meilleur ordre par le très Ingenieux
BERNARD CLOESEN.
Messieurs les CURATEURS de l'Université
& Messieurs les BOURGUEMAITRES de la Ville
de LEIDE l'ont destinée aux Amateurs des beaux Arts & de l'Astronomie, en l'An MDCCXI.

Courte Description de la Sphere *Armillaire de Copernic.

THE AUTOMATICK
OR SELF-MOVING SPHERE,
Mended and repair'd by THRASIUS,
Which was done by the Invention and direction of
Mr. ADRIAN VROESIUS, according to the Calculation of
NICOLAS STAMPIOEN.
Which was given to the Publick use by the Widdow and Heirs of
Mr. SEBASTIAN SCHEPERS,
Late SENATOR of the City of Rotterdam, &c. &c. &c.
Now improv'd and put in better order by BERNARD CLOESEN.
Which the CURATORS of the University of LEYDEN,
and BURGERMASTERS of the City have presented
for the benefit and encouragement of Learning & Astronomy, in the Year MDCCXI.

A short Description of the Armillary Copernican Sphere.

Toute la Sphere est de Cuivre, aussi bien que les principaux Cercles, à savoir l'Equateur, les deux Colures, & l'Ecliptique, par le quel le Zodiaque est partagé suivant la latitude en deux parties, ayant de part & d'autre dix degrés de largeur & ses douze Signes d'un ouvrage cizelé, avec leurs noms marquez sur l'Ecliptique. L'Ecliptique est divisé en degrés & en demi degrés. Le Diametre de chacun de ces Cercles & par consequent de toute la Sphere est de cinq pieds de Rhinlande.

La Sphere s'éleve du Piedestal de trois pieds, dans le quel est enfermée l'Horloge avec sa pendule & ses poids: cette Horloge va pendant neuf jours, & pourroit aller plus longtems si on vouloit: elle marque l'année, les mois, les jours, les heures, & les minutes: Et elle fait aller toutes les Planettes, tant du premier que du second ordre, entre les quelles la Terre est comprise, suivant le systême de Copernic, selon leurs mouvemens naturels & réglés, excepté les Satellites de Saturne; le tout dans l'ordre qui suit.

Le Soleil occupe le Centre de la Sphere, & quoiqu'il y soit immobile, il est aisé de s'imaginer qu'il tourne autour de son Centre.

Mercure est le plus près du soleil, & par consequent le tour qu'il fait autour de lui est le plus court de tous; il l'acheve en 88 jours.

Venus occupe le second rang, & comme elle est plus éloignée du Soleil, elle fait aussi un plus grand tour; elle l'acheve en 225 jours.

Au troisiéme rang est la Terre, qui étant emportée avec la Lune fait son cercle annuel autour du Soleil, en 365 jours & près de six heures; mais de maniére qu'elle se meut autour de son propre Centre toutes les vingt quatre heures, & que son Axe est toujours paralelle à lui-même, & que ses Poles sont continuellement tournés vers les mêmes points du Firmament; lequel Paralellisme est formé, suivant le sentiment de quelques uns, par un mouvement qu'ils apellent d'inclinaison.

L'Horizon & le Méridien de la Terre sont mobiles en cette Sphere, ensorte qu'étant donné la latitude d'un lieu on en peut savoir la longueur du jour & de la nuit, de même que l'heure du jour où l'on est.

Pendant que la Terre décrit son cercle avec la Lune dans l'espace d'une année autour du Soleil, la Lune se meut autour de la Terre en 29 jours & 12 heures plus ou moins dans un cercle, lequel étant prolongé, coupera l'Ecliptique en deux points diamétralement opposés, les quels points sont nommés Noeuds ou Jointures par les Astronomes; ce qui sert à conoitre tous les jours sa latitude Meridionale ou Septentrionale, comme aussi le temps des Eclipses tant du Soleil que de la Lune.

Au quatriéme rang est Mars, qui étant plus éloigné du Soleil que la Terre, acheve son Tour en 687 jours.

Au cinquiéme lieu est Jupiter, lequel avec ses quatre Satellites fait son tour à l'entour du Soleil en onze ans, 315 jours & 20 heures: pendant ce Tems là chacun de ses Satellites fait son tour à l'entour de Jupiter; savoir le plus proche de Jupiter, en quarante deux heures & demi; le second en trois jours & 13 heures & demi; le troisiéme en 7 jours & 12 heures; & enfin le quatriéme comme le plus éloigné de Jupiter fait le sien en 16 jours & 18 heures.

La derniere Planete & la plus éloignée du Soleil c'est Saturne, qui est immobile aussi bien que son anneau dans cette Sphere; les cinq Satellites de Saturne sont aussi immobiles & attachés à cet anneau, cela ne pouvant pas se faire autrement à cause du peu de place, & n'étant d'ailleurs pas fort necessaire: or Saturne fait son tour à l'entour du Soleil en 29 ans 166 jours, & douze heures.

Il faut remarquer que si on prolonge chaque cercle des Planettes, ils coupent l'Ecliptique, ensorte que par là l'on peut connoitre la latitude des lieux tant Septentrionale que Meridionale.

On peut aisement observer dans cette Sphere les directions des Planettes, leurs Stations, leurs retrogradations, & les retardemens & accélérations de leurs mouvemens.

Il n'est pas necessaire que nous avertissions, que toutes les fois que de la Terre on regarde le Soleil par une ligne droite, on peut sçavoir dans quel signe du Zodiaque il est alors, & même dans quel degré de ce signe.

On peut voir aussi en remuant l'horloge, les Positions de toutes les Planettes tant pour les temps passés que pour l'avenir, sans que pour cela le mouvement ordinaire de la Machine s'arrête ni en soit interrompu en aucune maniere.

Au reste, après avoir observé les mouvemens des Planettes pendant quelques mois sur cette Sphere, on a trouvé qu'ils s'accordent parfaitement bien avec les plus nouvelles, & les plus exactes observations des Astronomes.

* c.d. Sphere à jour, qui n'est composée que de Cercles, sans représenter la solidité du Globe.

Machina ingenioso artificio extructa,
ope et industria Bernardi a Cloese restituta,
Europæ admiratio.

THE whole Sphere is made of brass and likewise the greater Circles, (viz) the two Colures, and the Eclyptick, which divides the Zodiack in two equal parts with respect to its latitude, hence the Zodiack has ten degrees of latitude on each side, the twelve signs upon the Zodiack are done with chas'd work and their names mark'd upon the Eclyptick. The Eclyptick is divided into degrees and half degrees, the Diameter of each of these Circles and consequently of the whole Sphere is five Rhinland feet.

The Sphere stands upon a Pedestal of three feet high, in which is enclos'd a Clock with its Pendulum and weights which goes nine days without winding up, and may be made to goe longer at pleasure, it not only shews the years, the months, the days, the hours and minutes, but likewise the motions of all the Planets both primary and secondary, in which the Earth is reckon'd, according to the Copernican Systeme, if you except the Satellites of Saturn, they all move in the order following.

The Sun is plac'd immoveable in the center of the Sphere, and altho' it is here fix'd, yet it is easy to imagine that it turns round its axis.

Mercury is next the Sun and describes the shortest of all, consequently performs his course in 88 days.

Venus is next to Mercury and being further distent from the Sun, by consequence describes a greater Circle, which it compleats in 225 days.

In the third place is the Earth being carri'd round the Sun together with the Moon in its annual motion in the space of 365 days and almost 6 hours, and moves round its Center every 24 hours which is its diurnal motion, and has its axis allways paralel to it self, so that its poles are allways turn'd opposite to the same points of the Heavens; which Parallelism, according to the sentiments of some is owing to a certain motion which is call'd that of inclination.

The Horizon and Meridian of the Earth are moveable in this Sphere, so that the latitude of any place being given, the length of the night and the day may be known and even the hour of the day.

While the Earth with the Moon goes round the Sun in its orbit in a years time, the Moon moves round the Earth in 29 days and 12 hours in a Circle, which if produc'd, will cut the Eclyptick in two points diametrically opposite, which points are call'd Nodes by Astronomers; this is which is subservient in order to know, every day, its latitude both North and South, as likewise the time of Eclypses as well Solar as Lunar.

In the fourth place is Mars, which being further distant from the Sun than the Earth, makes its tour in 687 days.

In the fifth place is Jupiter, which with his four Satellites performs his course round the Sun in a 11 years, 315 days and 20 hours: while in the mean time each of the Satellites moves round Jupiter, (viz) that which is next to Jupiter, moves round in 42 hours and ½. The second in 3 days and 13 hours and ½; The third in 7 days & 12 hours; The fourth, being the furthest from Jupiter, goe's his round in 16 days and 18 hours.

The last Planet and which is furthest from the Sun is Saturn, which is immoveable in this Sphere as wel as its ring; The five Satellites of Saturn are here also immoveable and fix'd to the Ring, there being no room to make them otherwise, nor was it indeed very necessary: Saturn moves in his orbit round the Sun in 29 years, 166 days, and 12 hours.

NB. If the Circles of the Planets be produc'd, they will cut the Eclyptick, so that the Latitude of any place whither North or South may be found.

Here may be also seen the directions of the Planets, when they are Stationary and when Retrograde, and their motions when retarded and when accelerated.

It is not needfull to inform you, that every time the Sun is view'd from the Earth in a streight line, one may know in what sign of the Zodiack the Sun is, and even in what degree of the sign.

If you move the Clock, the positions of all the Planets, may be seen both for the time past and for the time to come, and that even without stopping or incommoding the Clockwork any manner of way.

Moreover, the motions of the Planets during some months have been observ'd in this Sphere, and it has been found that they exactly aggree with the most modern and most accurate observations of Astronomers.

A LEIDE, Chez PIERRE VANDER Aa, dans l'Academie.

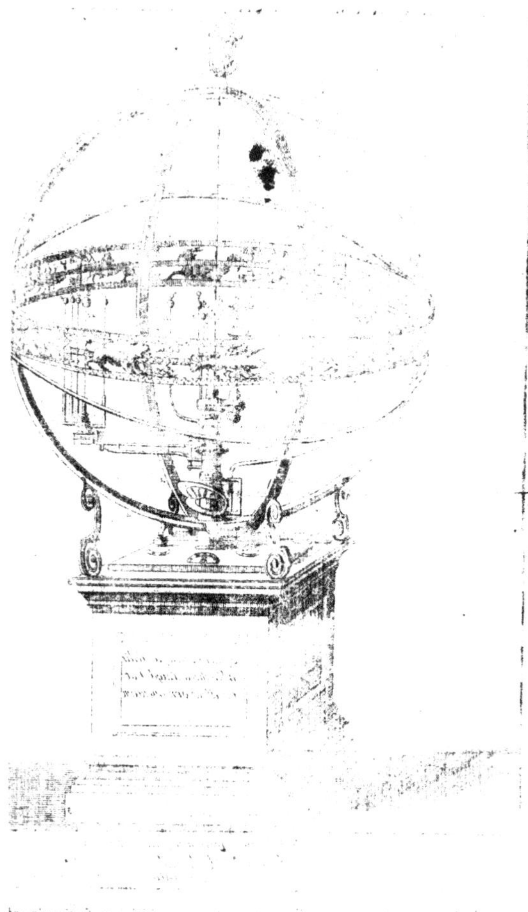

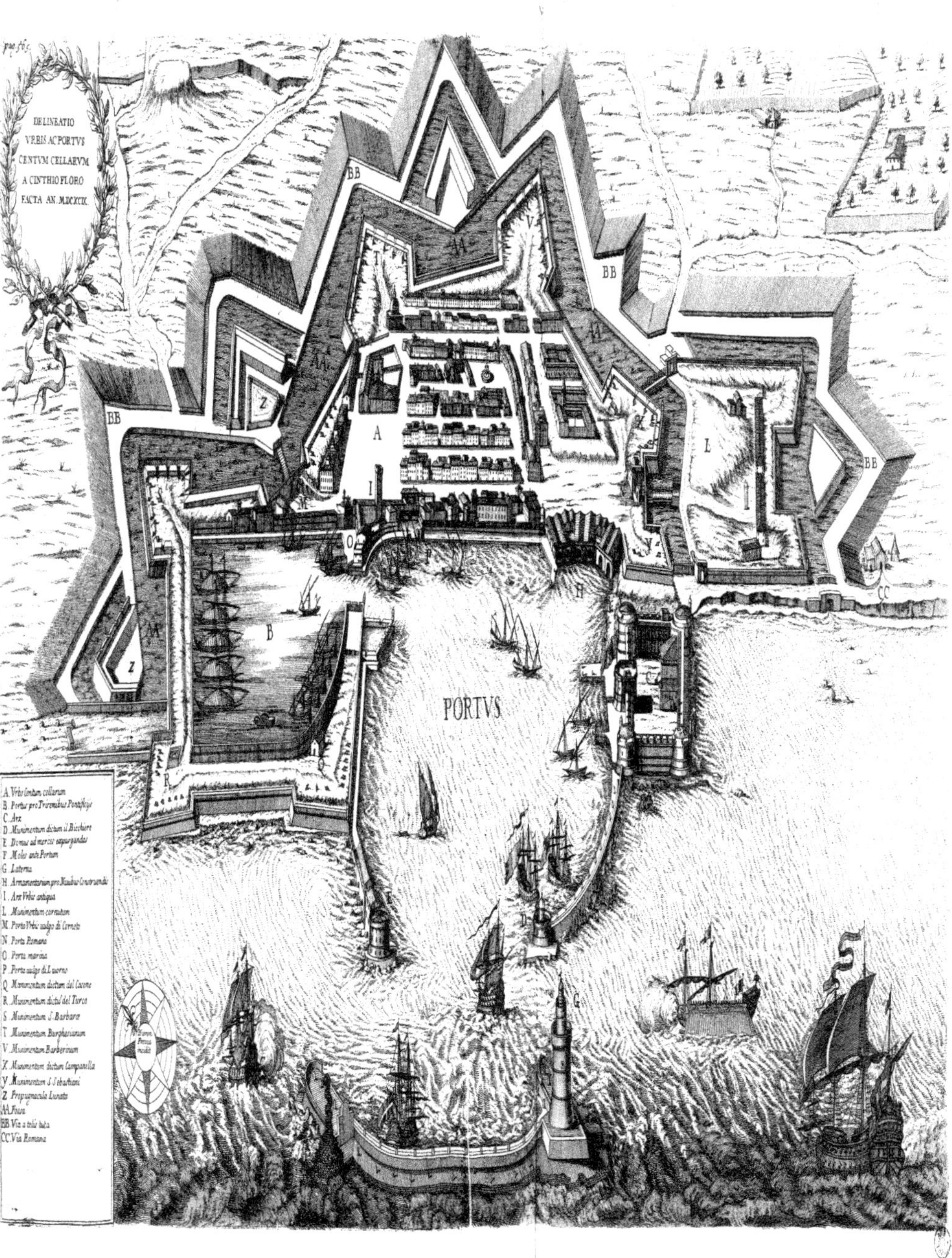

DELINEATIO
VRBIS AC PORTVS
CENTVM CELLARVM
A CINTHIO FLORO
FACTA AN. M.DC.XCIX.

PORTVS

A. Vrbis Centum cellarum
B. Portus pro Triremibus Pontificijs
C. Arx
D. Munimentum dictum il Bicchiere
E. Domus ad merces expurgandas
F. Moles ante Portum
G. Laterna
H. Armamentarium pro Nauibus Construendis
I. Arx Vrbis antiqua
L. Munimentum cornutum
M. Porta Vrbis vulgo di Cornetо
N. Porta Romana
O. Porta marina
P. Porta vulgo di Liuorno
Q. Munimentum dictum del Cacone
R. Munimentum dictul del Turco
S. Munimentum S. Barbarae
T. Munimentum Burpharianum
V. Munimentum Barberinum
X. Munimentum dictum Campanella
Y. Munimentum S. Sebastiani
Z. Propugnacula Lunata
AA. Fossa
BB. Via a tela bata
CC. Via Romana